Johann Gerstenecker

Der Krieg des Otho und Vitellius in Italien im Jahre 69

Beiträge zur Erklärung des Tacitus und Plutarch

Johann Gerstenecker

Der Krieg des Otho und Vitellius in Italien im Jahre 69
Beiträge zur Erklärung des Tacitus und Plutarch

ISBN/EAN: 9783743466807

Hergestellt in Europa, USA, Kanada, Australien, Japan

Cover: Foto ©ninafisch / pixelio.de

Weitere Bücher finden Sie auf **www.hansebooks.com**

Der Krieg

des

Otho und Vitellius in Italien im J. 69.

Beiträge zur Erklärung

des

Tacitus und Plutarch

von

Joh. Gerstenecker,
K. Studienlehrer.

Programm

des

Königlichen Maximilians-Gymnasiums

für das

Schuljahr 1881/82.

MÜNCHEN
Akademische Buchdruckerei von F. Straub
1882.

DER

KÖNIGLICH BAYERISCHEN
JULIUS-MAXIMILIANS-UNIVERSITÄT

ZUR **JUBELFEIER** IHRES

DREIHUNDERTJÄHRIGEN BESTEHENS

GEWIDMET VON DEM

LEHRERKOLLEGIUM DES K. B. MAXIMILIANS-GYMNASIUMS.

Einleitende Bemerkungen.

Von den Historien des Tacitus hat der Teil, welcher die Geschichte des Galba und Otho behandelt, eine hervorragende Bedeutung für die Beurteilung dieses Schriftstellers, da uns in den entsprechenden Biographien des Plutarch Schriften erhalten sind, die irgendwie in einem bestimmten Verhältnisse zu jenen Abschnitten der Historien stehen müssen und die daher, wenn dieses Verhältnis ermittelt ist, als geeignet erscheinen können, die Grundlage für die Entscheidung sehr wichtiger Fragen aus dem Bereiche der Kritik des Tacitus zu bilden. Durch Vergleichung mit jenen Biographien suchte man nicht nur im allgemeinen die Quellen für diesen Teil der Historien nachzuweisen, wie es von Hirzel[1], Wiedemann[2], Hermann Peter[3] geschah, sondern auf die Ergebnisse derartiger Vergleichungen fussend unternahm man es auch, das Verhältnis des Tacitus zu den von ihm benützten Quellen darzulegen, um die Unterlage zu einem Urteile über den Charakter der taciteischen Geschichtschreibung zu gewinnen, eine Richtung, in welcher Th. Mommsen[4] und H. Nissen[5] vorangingen. Geraume Zeit mochte es scheinen, als müsse wenigstens der Satz, dass Tacitus und Plutarch von einander unabhängig seien, aber aus gleicher Quelle geschöpft hätten, als sicheres Ergebnis des oft mit nicht geringer Heftigkeit[6] geführten Streites gelten. Freilich gingen die Meinungen der Gelehrten bedeutend auseinander, sobald es sich darum handelte den Gewährsmann oder die Gewährsmänner der beiden Schriftsteller zu bezeichnen,[7] — immerhin ein bedenkliches Anzeichen; allein es hatte sich eben eine Autorität wie Mommsen mit zweifelloser Entschiedenheit in jenem Sinne ausgesprochen[8]. Der von Clason[9] und Nipperdey[10] erhobene Widerspruch fand nur sehr vereinzelt Zustimmung[11], aber keine allgemeinere Beachtung. Auch dass Baumstark[12] sich ihrer Ansicht anschloss, blieb ohne weitergreifende Nachwirkung, wiewohl Wölfflin[13] in dieser Hinsicht sich mit allem Nachdruck auf seine Seite stellte. Man stützte sich vielmehr bei ähnlichen Untersuchungen ohne weiteres auf die von Mommsen und Nissen gewonnenen Resultate; so verfuhren Hermann Schiller[14]), Froitzheim[15]), Thamm[16]), Sickel[17]), und noch Beckurts[18]) spricht von dem angeführten Satze wie von einer feststehenden Wahrheit.

Aber dennoch ist die Ursache davon nicht so fast in der überzeugenden Kraft der vorgebrachten Gründe zu suchen als vielmehr darin, dass sich der glänzende Name des gefeiertsten Forschers auf dem Gebiete der römischen Geschichte mit dieser Hypothese verband. So erklärt es sich, wenn neuerdings Ludw. Krauss[19]) und Rud. Lange[20]) wieder Clasons und Nipperdeys Ansicht verfochten, Plutarch habe den Tacitus als Quelle benützt. Für den thatsächlichen Stand der Frage aber ist nichts bezeichnender als ein Vergleich der angeführten Urteile Mommsens und Nissens mit folgenden Aeusserungen Wölfflins in seinem Berichte über Langes Schrift: „Den richtigen Schritt hat nach unserem Ermessen Lange gethan, indem er auf die von Clason, Nipperdey und dem Referenten vertretene Ansicht zurücklenkte, mit welcher, wenn sie allgemeinere Billigung findet, nicht nur viel für die Schätzung des Tacitus, sondern auch viel für die Methode und die Grundlage der Quellenforschungen überhaupt wird gewonnen sein. — Es kann der Arbeit nur zur Empfehlung gereichen, dass sie in dem historischkritischen Seminare von Prof. Giesebrecht in München ausgeführt worden ist. und dass eine in der mittelalterlichen Quellenforschung anerkannte Autorität die Abhängigkeit des Plutarch von Tacitus bestätigt hat." (Burs. Jahresber. 18. B. 2. Abt. 1881 S. 250.)

Da steht also Autorität gegen Autorität. Wer nun, um ein selbständiges Urteil zu gewinnen, die Sache genauer verfolgt, wird eine bedenkliche Unzuverlässigkeit der Grundlagen jener Quellenforschungen wahrnehmen. So fehlt es bei nicht wenigen Stellen der hiebei zu prüfenden Autoren an einer allseitig gesicherten Erklärung, welche doch als notwendige Voraussetzung für alle weiteren Untersuchungen erscheinen muss.

Besonders begegnen wir in dem Berichte des Tacitus und Plutarch über den Krieg des Otho und Vitellius in Italien bei vielen wichtigen Einzelheiten ganz verschiedenartigen und oft auch sehr unklaren Auffassungen Daher wird hier der Versuch gemacht, bei zweifelhaften Punkten jener Berichte durch Berücksichtigung aller Momente, welche das Verständnis bedingen, eine gesicherte Erklärung zu gewinnen. Wenn demnach zunächst der thatsächliche Inhalt der betreffenden Stellen dargelegt und bei abweichenden Berichten noch ihre Beglaubigung untersucht werden soll, so muss doch auch auf das Verhältnis zwischen Plutarch und Tacitus, wiewohl eine erschöpfende Behandlung dieser schwierigen Frage bei der Beschränkung der folgenden Erörterungen auf einen Abschnitt ihrer Schriften nicht möglich ist, insoweit eingegangen werden, als schliesslich noch zu prüfen ist, ob die von verschiedenen Seiten auf einzelne Stellen gegründeten Folgerungen stichhaltig sind und was für Anhaltspunkte sich für die Entscheidung jener Streitfrage aus der Kriegserzählung in Wirklichkeit ergeben. Was die einschlägige Literatur anlangt, so kommen abgesehen von den schon angeführten Schriften zunächst die erklärenden Ausgaben der Historien in Betracht, die freilich über manche Schwierigkeiten vollständig schweigen. Sehr beachtenswert ist Hagges Abhandlung[21]), sie wird aber allem Anschein nach wenig benützt. Brüggemann[22]) und Kipper[23]) bieten nichts von Bedeutung. Mommsen behandelt wie in dem schon erwähnten, so auch in einem zweiten Aufsatze[24]) viele der hier zu erörternden Punkte. Auch das sonst in Abhandlungen und Rezensionen der Zeitschriften zerstreute Material suchte ich nach Möglichkeit zu verwerten. Ferner darf man die neueren Historiker nicht ausser acht lassen; gerade aus ihren Darstellungen erkennen wir oft mit einem gewissen Erstaunen, wieviel noch daran fehlt, dass wir eine im einzelnen kritisch festgestellte Geschichte jenes historisch so merkwürdigen Jahres besässen. So verglich ich Tillemont[25]), Crevier[26]), Merivale[27]), die letzte Bearbeitung von K. Peters Werk[28]) und die neueste römische Kaisergeschichte von G. F. Hertzberg[29]); auch bei Pfitzner[30]) kommen wiederholt Begebenheiten aus dem othonianischen Kriege zur Sprache.

I. Verlauf des Krieges.

Zunächst bedürfen einige Stellen der Historien über die ersten Kriegsbegebenheiten in Italien einer Erklärung. Tacitus berichtet nämlich 1,70: „Caecina paucos in Helvetiis moratus dies..... laetum ex Italia nuntium accipit alam Silianam circa Padum agentem sacramento Vitelii accessisse... instinctu decurionum... transiere in partes et ut donum aliquod novo principi firmissima transpadanae regionis municipia Mediolanum ac Novariam et Eporediam et Vercellas adiunxere. id Caecinae per ipsos compertum. et quia praesidio alae unius latissima Italiae pars defendi nequibat, praemissis Gallorum Lusitanorumque et Britannorum cohortibus et Germanorum vexillis cum ala Petriana, ipse paulum cunctatus est...". Dieser Bericht wird 2,17 wieder aufgenommen und fortgeführt: „Aperuerat iam Italiam bellum, quod transmiserat, ut supra memoravimus, ala Siliana, nullo apud quemquam Othonis favore nec quia Vitellium mallent, sed longa pax ad omne servitium fregerat faciles occupantibus et melioribus incuriosos. florentissimum Italiae latus, quantum inter Padum Alpesque camporum et urbium, armis Vitellii (namque et praemissae a Caecina cohortes advenerant) tenebatur."

Welcher Teil Italiens geriet nun nach dieser Erzählung gleich beim Beginn des Krieges in die Gewalt der Vitellianer? Bei genauer Auffassung der Worte des Tacitus ist keineswegs eine Beziehung derselben auf die ganze Ebene im Norden des Po möglich, wiewohl man sie allgemein annimmt[31]).

Tacitus spricht, was ich nirgends beachtet finde, wo er des hier in Frage kommenden Landstriches 1,70 zuerst Erwähnung thut, überhaupt nicht etwa von dem ganzen jenseit des Po liegenden Lande, sondern nur von einem bestimmt begrenzten Teile der Poebene, von der transpadana regio. Dies war aber nach der von Augustus gegebenen Einteilung Italiens in elf Regionen die elfte Regio; vgl. Plinius n. h. 3,123: „Transpadana appellatur ab eo (i. e. a Pado) regio undecima, tota in mediterraneo . . . ." Ihre Grenzen bildeten im Norden und Westen die Alpen, im Süden der Po, im Osten eine Linie von der Addamündung fast in gerader Richtung nach Norden, so dass Bergomum noch dazu gehörte. Auch die wichtigsten Orte dieser „transpadana regio" führt Plinius an, unter ihnen alle vier 1,70 von Tacitus genannten. Diese Bezeichnung für jene Landschaft in der Poebene muss damals eine geläufige und allgemein verständliche gewesen sein, da sie andere gleichzeitige Schriftsteller gleichfalls ohne weitere Erklärung gebrauchen, so der jüngere Plinius ep. 4,6: „in regione transpadana summa abundantia sed par vilitas nuntiatur", ferner Suetonius Vesp. 1: „non negaverim iactatum a quibusdam, Petronis patrem e regione transpadana fuisse mancipem operarum." Es ist also hier nur von einem bestimmt angegebenen Teile der Poebene die Rede.

Um dieses wichtige Gebiet sich zu sichern, sandte Cäcina rasch mehrere Truppenabteilungen voraus, wie Tacitus erzählt. Dabei bezeichnet er den Landstrich, um den es sich damals für Cäcina handelte, mit „latissima Italiae pars". Dieser Ausdruck erhält aber durch den Zusammenhang, in welchem er gebraucht ist, seine richtige Beziehung und Bedeutung. Da nämlich der Satz: „quia praesidio alae unius latissima Italiae pars defendi nequibat" nur von der Behauptung einer Landschaft durch jene einzige Reiterabteilung spricht, so muss man dies auf das nämliche Gebiet beziehen, von dem es vorher hiess, es sei durch die ala Siliana gewonnen worden, also auf die regio transpadana. Von ihr wird bei dieser Gelegenheit sehr passend die in latissima Italiae pars enthaltene Eigenschaft hervorgehoben, weil eben die Behauptung eines so weit sich ausbreitenden Teiles von Italien eine grössere Truppenmacht erforderte. Dagegen kann man unter l. I. p. hier nicht den breitesten Teil Italiens in seiner ganzen Ausdehnung,

d. h. die Poebene vom Fuss der Alpen im Westen bis nach Istrien im Osten verstehen, da Tacitus von der grossen Landschaft östlich der regio transpadana unmöglich sagen kann, Cäcina wolle sie behaupten; denn diese (die zehnte Regio) war ihm nach den unmittelbar vorhergehenden Worten noch gar nicht zugefallen.

Ferner ist 2,17 ausdrücklich mit Bezugnahme auf 1,70 geschrieben, was schon die Beifügung „ut supra memoravimus" zeigt. Dieses Verhältniss wird noch durch den Satz „namque et praemissae a Caecina cohortes advenerant" ausser allen Zweifel gesetzt, da hierin eine klare Zurückweisung auf praemissis — cohortibus 1.70 liegt. So kann 2,17 mit florentissimum — tenebatur nur erzählt sein, dass jetzt von den vorausgesandten Truppen des Caecina das vollzogen war, was er ihnen nach 1,70 aufgetragen hatte. Eben wegen dieser durch den Zusammenhang der ganzen Erzählung bestimmt gegebenen Beziehung kann der Leser „quantum inter Padum Alpesque camporum et urbium" nicht mehr ganz allgemein auffassen, wie es ohne einen solchen Zusammenhang geschehen müsste, sondern er muss bei dem Ausdruck „florentissimum Italiae latus, quantum inter Padum Alpesque camporum et urbium" an das nämliche Gebiet denken, das 1,70 mit transpadana regio und latissima Italiae pars bezeichnet war; denn er weiss ja aus der vorhergehenden Erzählung, dass jene vorausgesandten Kohorten nur das Land, welches mit der ala Siliana zu den Vitellianern übergetreten war, bis zur Ankunft Cäcinas behaupten sollten.

Es sind also die Worte „florentissimum Italiae latus, quantum inter Padum Alpesque camporum et urbium" und „latissima Italiae pars" ihrer Bedeutung nach identisch mit „transpadana regio"; daher kann auch dem Schriftsteller nicht der Vorwurf gemacht werden, der Ausdruck sei zu allgemein gefasst.

Mit der Erklärung dieser Stellen hängt die Frage zusammen, ob Cremona unter diejenigen Städte zu zählen ist, welche sogleich beim Beginn des Krieges zu dem Machtbereiche der Vitellianer in Oberitalien gehörten. Da dies ein wichtiger Punkt ist, von dessen richtiger Auffassung das Verständnis verschiedener Vorgänge im späteren Verlaufe des Krieges und mehrerer Stellen des Tacitus abhängt, so verdient er eine eingehende Erörterung.

Vor allem kann nun Cremona nach der Erzählung des Tacitus 1,70 nicht unter den Städten gewesen sein, welche sich auf das Vorgehen der ala Siliana hin noch vor dem Erscheinen vitellianischer Streitkräfte in Oberitalien der Partei des Vitellius anschlossen; denn Tacitus spricht bestimmt nur von den firmissima transpadanae regionis municipia, Cremona aber gehörte gar nicht zur transpadana (undecima) regio, wie Plinius ausdrücklich angibt, n. h. 3,130: „In mediterraneo regionis decumae coloniae Cremona, Brixia..."[32]).

Ferner wurde bis zu dem Zeitpunkte im Verlaufe des Krieges, bei welchem Tacitus 2,17 mit den Worten florentissimum — tenebatur angelangt ist, Cremona gleichfalls nicht von den Vitellianern besetzt, da nach dem klaren Inhalte seiner Erzählung die von Cäcina vorausgesandten Truppen sich bis dahin nur des 1,70 angegebenen Gebietes versichert hatten.

Endlich kann Cremona auch während der bis zur Ankunft Cäcinas noch verflossenen Zeit (2,17 tenebatur — 2,20 At Caecina) nicht schon von seinen Vortruppen eingenommen worden sein. Tacitus erwähnt nämlich in diesem Teile seiner Erzählung von der Einnahme Cremonas gar nichts ausdrücklich und zugleich weist alles, was wir in diesem Abschnitte von den sonstigen Kriegsereignissen lesen, auf das Gegenteil hin. Hatten die vorausgesandten Truppen von Cäcina überhaupt nur den Befehl das schon gewonnene Gebiet zu behaupten (quia.... defendi nequibat), nicht aber neue Eroberungen zu machen, so waren sie hiezu auch kaum zahlreich genug; denn 1,70 wird als Grund, weshalb Cäcina nach längerem Schwanken, ob er nicht mit seiner Hauptmacht sich weiter ostwärts wenden und über die rhätischen Alpen einbrechen solle, sich doch zu dem kürzeren Wege über den St. Bernhard entschloss, die Besorgnis angegeben, er möchte die vorausgesandten Kohorten und Reiterabteilungen in Oberitalien verlieren. Diesen Verhältnissen entsprechend machten die vitellianischen Truppen von der Besetzung der regio transpadana bis zur Ankunft Cäcinas lediglich Streifzüge gegen die Othonianer, die inzwischen Placentia noch rechtzeitig besetzt hatten und auch sonst sich in einzelnen Abteilungen am Po zeigten; denn ihre 2,17 berichteten Unternehmungen, wobei schliesslich Bataver und überrheinische Germanen im Angesichte des von den Feinden besetzten Placentia über den Po gingen und einige Vorposten aufhoben, sind nur als Streifzüge aufzufassen, durch welche die Vitellianer kein neues Terrain gewannen, sondern nur den Feind schrecken und von Angriffen auf ihre Stellungen abhalten wollten. Als nämlich Spurinna von seinen Leuten gezwungen wird, mit der Besatzung Placentias den Feind im offenen Felde aufzusuchen, ist nirgends davon die Rede, dass ihm die Vitellianer den Übergang über den Po streitig machen oder dass ihm überhaupt während seines Marsches irgend welche Streitkräfte der Feinde entgegentreten; diese müssen also nach jenem Handstreiche wieder in ihre alten Stellungen zurückgegangen sein.[33]) — Die Vorgänge, welche weiterhin Cremona betreffen, können erst im späteren Verlaufe des Krieges erörtert werden.

Zunächst müssen wir jetzt des Zusammenhanges halber festzustellen suchen, welche Massregeln Otho und seine Feldherrn während der ersten Periode des Krieges bis zur Ankunft Cäcinas am Po getroffen haben.

Otho dachte anfangs offenbar nicht an einen so raschen Verlauf des Krieges; so heisst es 1,77 von ihm: „Otho ut in multa pace munia imperii obibat." Vorerst sandte er eine Flotte gegen Gallia Narbonensis (1,87), wodurch zugleich das unter Valens anrückende Heer in seinem rechten Flügel bedroht und im Vormarsch gegen Italien aufgehalten werden sollte. Gleichzeitig wird erzählt, zu Führern des Landheeres seien Suetonius Paulinus, Marius Celsus und Annius Gallus bestimmt worden. Da als Grund für diese Anordnungen Othos 1,87 nur angegeben wird: „Poenninae Cottiaeque Alpes et ceteri Galliarum aditus Vitellianis exercitibus claudebantur", so konnte das, was Tacitus 1,70 von der ala Siliana und den hierauf folgenden Massregeln Cäcinas erzählt, damals in Rom noch nicht bekannt geworden sein. Otho glaubte noch hinlängliche Zeit zu den Rüstungen für seine Landmacht zu haben, von denen Tacitus 1,88 und 89 spricht.

Ein neues für Otho sehr wichtiges Moment, das eine bedeutende Veränderung der militärischen Lage zur Folge hatte, enthält der letzte Satz von 1,89: „et Caecina iam Alpes transgressus exstimulabat." Diese Worte müssen von den über die Alpen vorausgesandten Truppen des Cäcina verstanden werden, da Cäcina selbst erst später in Oberitalien eintraf; daher bezieht sich der obige Satz auf das nämliche Ereignis wie 2, 17: „namque et praemissae a Caecina cohortes advenerant." Es muss also die Nachricht von den Vorgängen in Oberitalien (1,70) und von dem Erscheinen der Vortruppen Cäcinas in der Poebene (2,17) während der Zeit von den Anordnungen Othos (1,87) bis zu dem Punkte der Erzählung, bei welchem Tacitus am Schlusse von 1,89 steht, nach Rom gelangt sein.

Daraufhin musste Otho in Rom Anstalten treffen, um dem Feinde in Oberitalien rechtzeitig entgegenzutreten. Was jetzt geschah, erfahren wir aus 2,11, wo Tacitus die am Ende des ersten Buches des Abschlusses halber summarisch schon bis zum Abmarsch Othos fortgeführte Erzählung von den Kriegsbegebenheiten wieder aufnimmt und dabei manches nachholt: „ ... his copiis rector additus Annius Gallus, cum Vestricio Spurinna ad occupandas Padi ripas praemissus, quoniam prima consilia frustra ceciderant transgresso iam Alpes Caecina, quem sisti intra Gallias posse speraverat." Diese Worte weisen offenbar auf 1,89: „Caecina iam Alpes transgressus" zurück; demnach wurde Annius Gallus eben zu jener Zeit, wo die Erzählung am Schlusse von 1,89 steht, an den Po vorausgeschickt, während Otho selbst erst später von Rom aufbrach.

Sehr verschiedenartige Ansichten bestehen nun über die Kriegsoperationen, die Annius Gallus selbst bis zur Ankunft Cäcinas vor Placentia mit seinen Truppen ausführte.

Gallus musste nach 1,86 auf der via Flaminia marschieren, auf der man von Rom nach Ariminum kam, von wo dann die via Aemilia über Bononia, Mutina, Parma nach Placentia führte. Da Spurinna nach Tacitus 2,11 und 1,87 ein dem Gallus untergeordneter Führer war, so muss ihn, der 2,18 als Kommandant in Placentia erscheint, Gallus mit einer Truppenabteilung zur Besetzung dieser Stadt abgeordnet haben. Gallus selbst wird erst 2,23 wieder erwähnt, wo er zum Entsatze Placentias herbeieilt. Da Tacitus nicht ausdrücklich berichtet, was er von der Abordnung des Spurinna bis zu diesem Zeitpunkte gethan, so müssen wir dies durch Schlüsse aus dem Zusammenhange seiner sonstigen Erzählung zu finden suchen.

Dabei frägt es sich vor allem, ob Gallus 2,23 auf dem nördlichen oder südlichen Ufer des Po zum Entsatze von Placentia heranmarschiert, ein Punkt, bezüglich dessen keineswegs eine gleichheitliche Auffassung herrscht.[34] Nach allem, was wir über die damalige Sachlage wissen, muss Gallus sich auf dem nördlichen Ufer befunden haben.

Was musste nämlich von Gallus nach der Abordnung des Spurinna zufolge seiner Aufgabe und der damaligen Lage der Othonianer unter allen Umständen zunächst geschehen?

Des Gallus Auftrag (ad occupandas Padi ripas) war mit der Besetzung Placentias am südlichen Ufer des westlichen Teiles vom Po keineswegs schon erfüllt, da die vier Legionen aus Pannonien und Dalmatien, welche den Kern der othonianischen Streitmacht bilden sollten, eben im Begriffe waren, durch den östlichen Teil der Ebene nördlich des Po ziehend, ihre Vereinigung mit den andern Truppen des Kaisers zu bewerkstelligen und zwar in einzelnen Abteilungen nacheinander. Diesen musste man die Hand reichen und dafür sorgen, dass ihnen nicht die Strassen vom Feinde versperrt wurden.[35] Gerade in der ersten Zeit des Krieges mussten die Othonianer auch gegen einen möglicherweise von Nordosten her drohenden Einfall in die Poebene Vorkehrungen treffen,[36] da zwei starke Heere unter Cäcina und Valens an den Grenzen Italiens standen und daher jedenfalls mit der Möglichkeit eines Angriffes von zwei verschiedenen Seiten her zu rechnen war; in der That schwankte nach 1,70 Cäcina, ob er nicht nach Nordosten sich wenden solle. Dazu kam die unentschiedene Haltung der Bevölkerung, die sich an diejenige Partei anschloss, welche zuerst mit Heeresmacht erschien (faciles occupantibus 2,17).

Wenn also Gallus handelte, wie es die militärische Lage am Beginn des Krieges erforderte, so musste er nach der Abordnung des Spurinna möglichst bald auf das nördliche Poufer gehen und dann bis zu einem Punkte vorrücken, welcher die Strassen in der Poebene für die pannonischen und dalmatischen Legionen beherrschte und gegen einen Angriff von Norden her deckte. Dies war Verona.[37])

So sehr auch Tacitus die Darstellung dieser Begebenheiten gekürzt hat, so sind doch in seiner Erzählung noch Anhaltspunkte dafür vorhanden, dass wir uns in der dargelegten Weise die richtige Vorstellung von den damaligen Vorgängen bilden. Tacitus erzählt nämlich, Gallus habe auf dem Marsche zum Entsatze Placentias bei der Nachricht von Cäcinas Zug gegen Cremona zu Bedriacum Stellung genommen, 2,23 mit folgenden Worten: „(Gallus) legionem . . . . . Bedriaci sistit. Inter Veronam Cremonamque situs est vicus." Hier erklärte man die Art, wie der Schriftsteller die Lage von Bedriacum bestimmt, als den thatsächlichen Verhältnissen nicht entsprechend.[38]) Allein unter der oben begründeten Voraussetzung erscheint die Ausdrucksweise des Tacitus vollkommen natürlich und erklärlich. Wenn Gallus sich mit der ersten Legion auf dem Marsche von Verona nach Placentia befand, so lag auf seinem Wege auch Bedriacum und Cremona. Nachdem nun Tacitus unmittelbar vorher Cremona als Ziel des Cäcina genannt hatte, kann er bei der vorhin erklärten Sachlage Bedriacum, wo Gallus halt macht, ganz richtig als zwischen Verona und Cremona gelegen bezeichnen, weil es auf dem Wege, den Gallus hatte zurücklegen wollen, in der That zwischen diesen beiden Orten liegt. Bedeutsam ist dabei die von Tacitus gewählte Wortstellung: „inter Veronam Cremonamque;" dadurch hat der Schriftsteller als den Ausgangspunkt der Bewegung des Gallus, welche zu Bedriacum ihr Ende findet, Verona bezeichnet.[39]) Weil also Tacitus in seiner gedrängten Darstellung sich in dieser Weise ausgedrückt hat, müssen wir uns den Gallus auf seinem Marsche nach Placentia von Verona herkommend denken; sonst wäre eine solche Ausdrucksweise ganz unerklärlich[40]).

Von Tacitus wird 2,23 bei Gallus nur die erste Legion genannt, während er nach der Abordnung des Spurinna noch 2000 Gladiatoren, 2 prät. Kohorten und Reiterei haben musste, ein Punkt, den ich nirgends erklärt finde. Der Sachverhalt lässt sich aus den sonstigen Angaben der taciteischen Erzählung noch erkennen. Gallus musste nämlich auch für die Erhaltung der Verbindung der unter Spurinna im Westen und unter ihm selbst im

Norden stehenden Truppen mit Rom Sorge tragen; dies wurde durch die Besetzung der wichtigsten Strassenknotenpunkte an der via Aemilia erreicht. Wie wir im spätern Verlaufe des Krieges (2,52 und 53) in Mutina und Bononia othonianische Truppen finden, so konnte die Besetzung solcher Punkte auch jetzt nicht unterlassen werden. Nun werden jene 2000 Gladiatoren nie bei Gallus auf dem nördlichen Poufer genannt; diese muss er daher zu dem eben erklärten Zwecke im Süden des Po zurückgelassen haben. Als dann später Cäcina unerwartet rasch bis Cremona vordrang, waren sie die Truppe, die man zuerst zur Verhinderung eines Versuches dort über den Fluss zu dringen an den Po heranbringen konnte, und so finden wir sie 2,23 in einer Stellung am südlichen Poufer gegenüber von Cremona.

Die 2 prätorischen Kohorten mit der Reiterei muss Gallus bei seinem Aufbruch zum Entsatze Placentias in seiner alten Stellung zu Verona zurückgelassen haben; erst nach der Wegnahme Cremonas durch Cäcina wurde Bedriacum das Hauptquartier für die Othonianer im Norden des Po. Auf solche Weise erklärt es sich, wenn Gallus bei seinem Marsche nach Placentia nur die erste Legion bei sich hat.

Plutarch gibt über die bisher besprochenen Ereignisse aus der ersten Zeit des Krieges noch spärlichere Nachrichten als Tacitus, nämlich: 1. αὐτὸς μὲν οὖν ἐν Βριξίλλῳ πόλει τῆς Ἰταλίας περὶ τὸν Ἠριδανὸν ἀπελείφθη, στρατηγοὺς δὲ τῶν δυνάμεων ἐξέπεμψε Μάριόν τε Κέλσον καὶ Σουητώνιον Παυλῖνον ἔτι τε Γάλλον καὶ Σπουρίναν ... (c. 5). 2. Spurinna befehligt in Placentia (c. 6). 3. Cremona befindet sich damals nicht in den Händen der Vitellianer (c. 7). 4. Gallus leitet anfangs allein die Kriegsoperationen in der Poebene, die anderen Feldherrn treffen erst später auf dem Kriegsschauplatze ein; vgl. c 7: πρῶτος μὲν Ἄννιος Γάλλος ... μετήγαγεν ἐκεῖ τὸ στράτευμα ... ἔπειτα καὶ τῶν ἄλλων ἕκαστος ἐβοήθει τῷ στρατηγῷ.

Hier wird bei den vier Befehlshabern kein Unterschied hinsichtlich ihrer Stellung gemacht, allein nach der späteren Erzählung (vgl. z. B. c. 8 die Schilderung des Kriegsrates) kann auch bei Plutarch Spurinna den drei nach Tacitus 1,87 mit der Oberleitung des Krieges betrauten Feldherrn nicht gleichstehen. Ferner wären nach dem Wortlaute der ersten Stelle alle vier Befehlshaber erst in Brixellum von Otho weg (ἀπελείφθη — ἐξέπεμψε) gleichzeitig auf den Kriegsschauplatz gegangen und demnach vorher auch gleichzeitig mit Otho von Rom aufgebrochen. Da jedoch nachher bei Plutarch selbst anfangs Spurinna und Gallus allein bei den ersten Kriegsbegebenheiten beteiligt sind (c. 6 und 7), die beiden andern erst später eintreffen (c. 7), so kann der Abgang des Gallus und Spurinna unmöglich gleichzeitig mit dem Zurückbleiben Othos in Brixellum stattgefunden haben, vielmehr brach Otho selbst mit den beiden anderen Feldherrn später von Rom auf als Gallus und Spurinna und blieb dann nach seiner Ankunft am Po auf dem südlichen Ufer zurück, während Paulinus und Celsus sich mit Gallus vereinigten, wovon noch nachher die Rede sein wird. Es muss also auch in dieser Hinsicht der taciteische Bericht (2,11 und 18) als der beglaubigte gelten[41]).

Es folgen nun zunächst die Ereignisse in und bei Placentia; dabei sind die Vorgänge vor Cäcinas Ankunft und nach derselben zu unterscheiden. Auf die ersteren bezieht sich folgende Stelle bei Plutarch c. 5: „ὁ δὲ Σπουρίνας προσβιαζόμενος αὐτοὺς ἐκινδύνευσε μικρὸν ἐλθόντας ἀνελεῖν αὐτόν. ὕβρεως δὲ καὶ βλασφημίας οὐδεμιᾶς ἐφείσαντο, προδότην καὶ λυμεῶνα τῶν Καίσαρος καιρῶν καὶ πραγμάτων λέγοντες. ἔνιοι δὲ καὶ μεθυσθέντες ἤδη νυκτὸς ἦλθον ἐπὶ τὴν σκηνὴν ἐφόδιον αἰτοῦντες. εἶναι γὰρ αὐτοῖς πρὸς Καίσαρα βαδιστέον, ὅπως ἐκείνου κατηγορήσωσιν."

Plutarch sagt vor den angeführten Worten noch gar nicht, wo Spurinna mit seinen Truppen sich damals befand und was er beabsichtigte; erst in c. 6 ist davon die Rede, dass er Placentia verteidigte. Daher weiss der Leser bei Plutarch c. 5 nicht, wozu Spurinna seine Leute eigentlich zwingen wollte, zumal da unmittelbar vorher Folgendes erzählt war und zwar von den Othonianern ganz allgemein: „οὗτοι δὲ μαλακοὶ μὲν ἦσαν ὑπὸ σχολῆς καὶ διαίτης ἀπολέμου, πλεῖστον χρόνον ἐν θεάτροις καὶ πανηγύρεσι καὶ παρὰ σκηνὴν βεβιωκότες, ὕβρει δὲ καὶ κόμπῳ ἐπαμπέχειν ἐβούλοντο, προσποιήσασθαι τὰς λειτουργίας ὡς κρείττονες ἀπαξιοῦντες, οὐχ ὡς ἀδύνατοι φέρειν." Darnach muss der Leser annehmen, die Truppen des Spurinna hätten von den Pflichten eines Soldaten im Felde überhaupt nichts wissen wollen und seien zu einem ernsten Kampfe unbrauchbar gewesen. Allein dann bleiben in dem Satze mit ὕβρεως δὲ die Worte προδότην καὶ λυμεῶνα τῶν Καίσαρος καιρῶν καὶ πραγμάτων unverständlich; und in der That ermöglicht uns das Verständnis derselben erst die Erzählung des Tacitus 2,18, nach welcher vor Cäcinas Ankunft die Soldaten von Spurinna verlangen, er solle sie zum Kampf im freien Felde aus der Stadt führen, während dieser wegen der geringen Anzahl seiner Truppen sich auf die Verteidigung von Placentia beschränken will. So erklären sich προσβιαζόμενος und λυμεῶνα τῶν Καίσαρος καιρῶν καὶ πραγμάτων, und es muss daher bei der mangelhaften Darstellung Plutarchs der nämliche Vorgang zu grunde liegen wie bei Tacitus. Auch die Stelle οὗτοι δὲ μαλακοὶ — ἀδύνατοι φέρειν kann in dieser Allgemeinheit nicht als thatsächlich richtig gelten, da ja zu den othonianischen Truppen sehr kriegstüchtige Legionen gehörten. Nur auf die Prätorianer passen jene Worte, aber in solcher Fassung auch nicht als der vollkommene Ausdruck thatsächlicher Verhältnisse, sondern etwa als der Inhalt höhnender Schmähungen von Seiten der Feinde, wie sie ähnlich bei Tacitus 2,21 und auch noch bei Plutarch selbst c. 6 ἐχλεύαζον — καταβάντας vorkommen; denn dass die Prätorianer zu kämpfen verstehen, geht aus Plutarchs eigener Erzählung c. 6 hervor, so dass wir also auch in dieser Hinsicht die taciteische Darstellung (vgl. 2,19 cum virtutis haud paeniteret) als die den wirklichen Verhältnissen entsprechende betrachten müssen[42]).

Von dem in ἔνιοι δὲ — κατηγορήσωσιν enthaltenen Vorgange findet sich bei Tacitus nichts. Allein trägt Plutarchs Bericht auch eine innere Gewähr für seine Glaubwürdigkeit in sich? Über alle näheren Umstände bleiben wir vollständig im unklaren; wo fand z. B. das ἐπὶ τὴν σκηνὴν ἐλθεῖν statt? Ferner fallen diese Ereignisse in die allererste Zeit des Krieges, wo Otho sich noch nicht auf dem Kriegsschauplatz befand; daher ist ein solches Vorgehen der Leute des Spurinna nicht glaubhaft, und wir können bei der ganzen Beschaffenheit der plutarchischen Erzählung dies nicht als eine mit genügender Beglaubigung überlieferte Thatsache annehmen.

In c. 6 erzählt Plutarch die Begebenheiten nach Cäcinas Ankunft vor Placentia. Nach ihm wäre die Unbotmässigkeit der Truppen dem Spurinna gegenüber durch die Schmähungen der Placentia bestürmenden Vitellianer gegen die Besatzung gebrochen worden; vgl. c. 6: „ὤνησε ... Σπουρίναν ... λοιδορία περὶ Πλακεντίαν γενομένη — διεκάησαν ὥστε προσπεσεῖν τῷ Σπουρίνᾳ δεόμενοι χρῆσθαι καὶ προστάττειν αὑτοῖς οὑδένα κίνδυνον οὑδὲ πόνον ἀπολεγομένοις." Aber als die Vitellianer in sehr bedeutender Übermacht vor den Mauern Placentias erschienen, da sollten die Othonianer erst durch Schmähreden der Feinde zur Vernunft gekommen sein und erst in Folge dieser beschimpfenden Verhöhnungen sich zum Kampfe bereit gezeigt haben? Nach dem Eintreffen Cäcinas vor Placentia musste doch die verhältnismässig schwache Besatzung von vornherein im Interesse der Selbsterhaltung alle möglichen Anstrengungen machen und konnte sich hiezu nicht erst durch die Schmähungen der Gegner bestimmen lassen; ebenso wenig konnte Spurinna mit seinen Verteidigungsmassregeln auf die in der erzählten Weise veranlassten Bitten seiner Leute warten[43]). Dagegen gibt die taciteische Erzählung von der Rückkehr des Heeres zum Gehorsam keinen Anlass zu solchen Anständen.

Als die Othonianer in Placentia einen zweitägigen Sturm unter grossen Verlusten für die Feinde abgeschlagen hatten, entschloss sich Cäcina von weiteren Versuchen gegen diese Festung abzustehen; hierüber erzählt Tacitus 2,22: „Et Caecina pudore coeptae temere obpugnationis, ne inrisus ac vanus isdem castris adsideret, traiecto rursus Pado Cremonam petere intendit."

Diese Bewegung des Cäcina gegen Cremona kann nicht als ein Rückzug aufgefasst werden, wie es fast allgemein geschieht[44]); schon die Worte „pudore coeptae temere obpugnationis, ne inrisus ac vanus isdem castris adsideret" zeigen dies. Wenn Cäcina sich über das fehlgeschlagene Unternehmen schämte, wenn er nicht ohne Erfolg (vanus) die Zeit verlieren und die erlittene Schlappe wieder gut machen, nicht aber noch vergrössern wollte, so durfte er doch wahrlich nicht einen Rückzug in eine Stellung antreten, die er schon früher innegehabt, weil er hier wieder ebenso inrisus ac vanus dagesessen wäre; er musste vielmehr weiter vorwärts dringen und dem Feinde neues Terrain abgewinnen. Daher heisst es auch Cremonam petere intendit und 2,23 Caecinam pergere Cremonam, Ausdrücke, in denen nichts von einem Rückzuge enthalten ist; bei traiecto rursus Pado gehört rursus nach seiner Stellung nur zu traiecto Pado. Cäcina hatte nämlich vorher seinen Vormarsch der Polinie entlang unterbrochen, da er Placentia anfangs nicht in seinem Rücken liegen lassen wollte und nach den glücklichen Erfolgen der Vitellianer vor seiner Ankunft auf ein rasches Gelingen des Angriffes rechnete. Als er sich hierin getäuscht sah, wollte er vor dieser Stadt nicht zuviel Zeit verlieren, welche ja den Othonianern zu gute kommen musste, die in den Gegenden weiter östlich ihre Streitkräfte erst zusammenzogen, und setzte daher seine Offensivbewegung gegen Osten fort, wozu er wieder über den Po gehen musste; auch für diesen Übergang wird von Tacitus nicht ein Ausdruck des Sichzurückziehens gebraucht.

Die bisher herrschende Auffassung wird durch die Annahme veranlasst, Cremona sei schon vor Cäcinas Ankunft in Oberitalien in den Besitz der Vitellianer gekommen. Die früheren Ausführungen in dieser Hinsicht finden jetzt auch in den Vorgängen nach Cäcinas Ankunft Bestätigung. Wäre Cremona schon von den Vitellianern besetzt gewesen, so liesse sich überhaupt nicht begreifen, weshalb Cäcina für eine Bestürmung Placentias Zeit und Kräfte geopfert hätte. Beabsichtigte er etwa südwärts vorzudringen, so hätte dies dann von Cremona aus geschehen können, wie wir in der That später (2,34) von solchen Versuchen der Vitellianer lesen, als Cremona wirklich in ihren Händen war. Überhaupt wäre Placentia durch den Besitz Cremonas vollständig paralysiert gewesen, was sich später nach der wirklichen Wegnahme Cremonas durch Cäcina klar zeigt (vgl. 2,36). Umgekehrt entspricht Cäcinas Verfahren den Verhältnissen vollkommen, wenn er jetzt an Cremona einen festen Platz östlich von Placentia zu gewinnen sucht; dadurch wurde die erlittene Schlappe in der That ausgeglichen. Schon Hagge machte (S. 15) hierauf aufmerksam.

Es wird ferner erst auf solche Weise verständlich, wenn Spurinna 2,23, nachdem er die Marschrichtung des Feindes ausgekundschaftet, dem zum Entsatze von Placentia heranziehenden Gallus Botschaft über Cäcinas Absichten zusendet (quid Caecina pararet); es sollte eben die Wegnahme Cremonas womöglich noch verhindert werden. Allein Gallus vermochte Cremona nicht mehr vor Cäcina zu erreichen, einen Kampf durfte er mit seiner einzigen Legion gegen die Übermacht des Feindes, wenn dieser die Stadt schon besetzt hatte, auch nicht wagen, und so blieb ihm nichts übrig als den östlich von Cremona wegen seiner Lage in nächster Linie wichtigen Ort Bedriacum den Othonianern zu sichern. So erklärt sich auch der Vorgang, der 2,23 in den Worten: „(Gallus) aegre coercitam legionem et pugnandi ardore usque ad seditionem progressam Bedriaci sistit" erwähnt wird. Die Truppen wollten nicht einsehen, dass man Cremona dem Feinde überlassen müsse, und deshalb hatte Gallus die grösste Mühe sie in Bedriacum zurückzuhalten. Daher steht Plutarchs Bericht bezüglich Cremonas c. 7 in dieser Hinsicht nicht im Widerspruch mit der taciteischen Erzählung, und wir können hier nicht mit Mommsen (vgl. A. 32) ein Versehen Plutarchs annehmen.

Übrigens spricht man (so Mommsen, vgl. A. 32) nicht mit Recht von einem Schweigen des Tacitus über Cremonas Einnahme. Schon 2,22 war ausdrücklich gesagt, Cäcina richte seinen Marsch gegen Cremona (Cremonam petere intendit), mit quid Caecina pararet war 2,23 nochmal hierauf hingewiesen; wenn unter solchen Umständen Tacitus fortfährt: „(Gallus) ubi pulsum Caecinam pergere Cremonam accepit, aegre coercitam legionem et pugnandi ardore usque ad seditionem progressam Bedriaci sistit", so liegt in den Worten des Nachsatzes offenbar, dass Gallus dem Cäcina auf seinem Zuge, dessen Ziel Cremona war, ein Hindernis nicht in den Weg zu legen vermochte, und daraus ergibt sich für den Leser die Besetzung Cremonas durch Cäcina, eben weil der Schriftsteller von der Einnahme dieser Stadt durch die Vitellianer früher noch nichts erzählt hatte. Hier haben wir also nach dem Zusammenhang der ganzen Erzählung des Tacitus wirklich den Bericht von der Wegnahme Cremonas; daher kann der Schriftsteller gleich nachher, ohne alle weitere Bemerkung sagen, vitellianische Truppen seien nach einem unglücklichen Gefechte nach Cremona geflohen (2,23).

Bei dem erwähnten Berichte Plutarchs c. 7 ist noch ein Punkt sehr beachtenswert; er erzählt nämlich: „Ἐπεὶ γὰρ ἀποκρουσθεὶς τῆς Πλακεντίας ὁ Καικίνας ἐπὶ Κρεμώνην ὥρμησεν, ἑτέραν πόλιν εὐδαίμονα καὶ μεγάλην, πρῶτος μὲν Ἄννιος Γάλλος πρὸς Πλακεντίαν Σπορίνᾳ βοηθῶν, ὡς ἤκουσε καθ᾽ ὁδὸν τοὺς Πλακεντίνους περιγεγονέναι, κινδυνεύειν δὲ τοὺς ἐν Κρεμώνῃ, μετήγαγεν ἐκεῖ τὸ στράτευμα καὶ κατεστρατοπέδευσε πλησίον τῶν πολεμίων· ἔπειτα καὶ τῶν ἄλλων ἕκαστος ἐβοήθει τῷ στρατηγῷ."
Aus dem Wortlaute dieser Erzählung kann man nicht mehr auf die Besetzung Cremonas durch die Vitellianer schliessen; allein die nachfolgende Darstellung setzt auch bei Plutarch dieses Ereignis voraus und zeigt, dass die obige Stelle in dem gleichen Sinne geschrieben sein muss.

Als Cremona von Cäcina, Bedriacum von Gallus besetzt wurde, waren die aus Rom unter Otho nachrückenden Truppen (Tac. 2,11) noch nicht weit genug vorgedrungen, um in den Gang des Krieges am Po wirksam eingreifen zu können; wir lesen aber T. 2.22, es hätten sich dem Cäcina während seines Marsches gegen Cremona der Primipilaris Turullius Cerialis mit einer Anzahl Flottensoldaten und der Reiteroberst Julius Briganticus mit einer kleinen Reiterschar ergeben. Zu welcher Truppenabteilung der Othonianer gehörten nun diese? Da dieser Punkt mit der Frage zusammenhängt, was für othonianische Truppen überhaupt bei den verschiedenen Kriegsbegebenheiten beteiligt waren, eine Frage, in welcher Klarheit zu erlangen ebenso notwendig für das Verständnis der Erzählung des Tacitus ist, als die Feststellung der Einzelheiten oft Schwierigkeiten bereitet, so ist es zweckmässig diesen Gegenstand im Zusammenhange zu behandeln, ehe auf die nächste Periode des Krieges eingegangen wird.

Um einen Anhaltspunkt zur Orientierung in unserer Frage zu gewinnen, müssen wir zunächst festzustellen suchen, wo sich zuerst Abteilungen von denjenigen Truppen nachweisen lassen, welche nach Tac. 2,11 zum Kampfe für Otho aus ihren Standquartieren in Pannonien und Dalmatien aufgebrochen waren.

Tacitus spricht 2,11 auch von Vexilla der vier illyrischen Legionen, von denen jedes 2000 Mann stark war. Diese 8000 Mann können unmöglich schon während der bisher behandelten Zeit des Krieges mit den Truppen des Gallus und Spurinna vereinigt gewesen sein; wie liesse sich sonst erklären, dass eine so bedeutende Anzahl der tüchtigsten Legionarier bei den bisherigen Kriegsbegebenheiten gar keine Rolle spielte, dass ferner die Besatzung von Placentia eine so geringe Stärke hatte, zumal da die Othonianer selbst dies als einen Übelstand empfanden (vgl. 2,19 tam paucas cohortes, 2,23 diffisus paucitati cohortium), dass endlich Gallus nur die erste Legion zum Entsatze vón Placentia herbeiführte? Zudem unterlässt es Tacitus später nicht, der Mitwirkung dieser Kerntruppen zu gedenken, sobald sie eben wirklich an den Kämpfen teilnehmen.[45]

Dies geschieht zuerst 2,24 bei dem Treffen ad Castores, wo das Vexillum der 13. Legion ausdrücklich genannt wird. So ergibt sich zunächst Folgendes:

1. Die Truppenmacht der Othonianer auf dem Kriegsschauplatze in Italien war während der verschiedenen Kriegsperioden keineswegs die gleiche; man muss daher in dieser Hinsicht die Verhältnisse vor dem Treffen bei Castores, während der letzten Schlacht und endlich bei der Übergabe des Heeres wohl auseinander halten.[46]

2. Vor dem Treffen bei Castores waren mit den Othonianern auf dem Kriegsschauplatze in der Poebene noch keine Abteilungen von den pannonischen und dalmatischen Legionen vereinigt.

Was die genaueren Einzelheiten betrifft, so müssen wir die Aufzählung der othonianischen Truppen bei dem Treffen ad Castores Tac. 2,24 für eine vollständige Angabe aller auf dem dortigen Kriegsschauplatze damals verfügbaren Streitkräfte der Othonianer ansehen, da Tacitus 2,26 als Grund für das allzu vorsichtige Verfahren des Paulinus den Mangel an weiterhin noch verwendbaren Truppen angibt (vgl. et perculsis nullum retro subsidium foret). Tacitus nennt nun hier von Truppen, die zu den illyrischen Heeren gehören und bei früheren Begebenheiten noch nicht vorkamen: Das Vexillum der 13. Legion, 4 Auxiliarkohorten und 500 Reiter auf dem linken Flügel, 2 Auxiliarkohorten und 500 Reiter auf dem rechten Flügel. Es kämpften also in diesem Treffen 2000 vexillarii der 13. Legion, 6 Auxiliarkohorten und 1 ala equitum (miliaria) bereits mit; dies auch noch von anderen Abteilungen der 2,11 genannten Heere Pannoniens und Dalmatiens anzunehmen, lässt sich mit dem bestimmten Berichte des Tacitus nicht vereinbaren.[47]

Einige Zeit später erwähnt Tacitus in der Schilderung der letzten Schlacht (bei Cremona—Bedriacum) von othonianischen Legionariern ausser der ersten noch die dreizehnte Legion, ferner die quartadecumani, von welchen aber nach 2,66 sicher nur das Vexillum zugegen war. Vor allem ist nun festzuhalten, dass bei dieser Entscheidungsschlacht an vollständigen Legionen nur die zwei genannten bei den Othonianern mitkämpften; eine andere Auffassung lässt die Darstellung des Tacitus aus verschiedenen Gründen nicht zu. Er führt nämlich von den Othonianern nur diese zwei vollständigen Legionen an; da aber bei den Vitellianern die vollständigen Legionen bei den einzelnen Momenten des Kampfes alle namhaft gemacht werden, so ist ein analoges Verfahren hinsichtlich der Othonianer in dieser Beziehung an sich vorauszusetzen. Ferner pflegt Tacitus von den vollzähligen Legionen die Befehlshaber, Legaten oder Stellvertreter derselben, zu nennen; so sind uns von den drei vitellianischen Legionen als die Führer zweier Fabius Valens und Cäcina bekannt, und auch von der legio I Italica war 1,64 ausdrücklich Manlius Valens als Legat angeführt. Das nämliche lässt sich später von 2,85 an bei dem Kriege zwischen Vitellius und Vespasian verfolgen; es wird 3,9 für die legio VII Claudiana der Tribun Vipstanus Messala als Kommandant angeführt, weil der Leser aus 2,85 weiss, dass ihr eigentlicher Legat Tettius Julianus damals nicht zugegen sein konnte. Da nun Tacitus in der Schilderung der Schlacht bei Cremona—Bedriacum von der ersten und dreizehnten Legion in der That auch die Legaten Orfidius Benignus und Vedius Aquila im Verlaufe des Kampfes nennt, andere aber nicht, so liegt eben hierin ein Beweis dafür, dass die siebente und elfte Legion damals nicht mitkämpften.

Ein ganz bestimmtes Zeugnis besitzen wir aber in der Stelle, wo Antonius 3.2 sagt, zwei alae aus Pannonien und Mösien hätten damals den Feind durchbrochen (vgl. 2,11 am Beginne der Schlacht bei Cremona—Bedriacum), während sie jetzt deren sechzehn hätten. Von der Reiterei waren also aus den illyrischen Provinzen sicher nur zwei alae in der Schlacht zugegen. Nach 2,11 kamen aber auf dem Marsche aus den Provinzen in die Poebene die alae und Kohorten vor dem agmen legionum; demnach konnten, da die Reiterei bei weitem noch nicht vollzählig eingetroffen war, noch viel weniger schon alle vier Legionen vollzählig angelangt sein. (Vgl. über h. 3,2 auch Anm. 79.)

Übrigens bietet uns die eben erwähnte Stelle 3,2 in Verbindung mit den 2,11. 24. 32. 41—44. 66 vorkommenden Angaben noch die Möglichkeit, die Marschordnung der illyrischen Heere nachzuweisen und so erst die nötige Klarheit in diese Verhältnisse zu bringen.

Bei Tacitus lesen wir 2,11: Es waren (in Dalmatien und Pannonien) vier Legionen, von denen immer 2000 Mann vorausgeschickt wurden; sie selbst folgten in mässigen Zwischenräumen nach ... Vor der Hauptmasse der Legionen kamen Reiterregimenter und Kohorten (fuere quattuor legiones, e quibus bina milia praemissa; ipsae modicis intervallis sequebantur ... agmen legionum alae cohortesque praeveniebant). Hier ist keineswegs gesagt, dass die Vexilla der vier Legionen mit einander vereinigt vorausmarschiert waren und erst nach allen diesen das Gros der Legionen folgte, wie man bisher die Sache allgemein auffasst.

In diesem Falle müssten alle Vexilla zu gleicher Zeit auf dem Kriegsschauplatz eingetroffen sein und gleichzeitig begonnen haben, an den Kämpfen teilzunehmen; allein eben dieses steht, wie oben gezeigt wurde, im Widerspruche mit der Erzählung des Tacitus.

Es ist die obige Stelle so zu verstehen, dass immer von jeder Legion ein Vexillum zu 2000 Mann vorausmarschierte, hierauf Reiterei und Auxiliarkohorten folgten und dann das Gros der Legion sich anschloss; bei jeder Legion wiederholte sich diese Reihenfolge der einzelnen Truppenteile.

Diese Marschordnung lässt sich in den verschiedenen Abschnitten des taciteischen Berichtes noch deutlich verfolgen. Bis zum Treffen bei Castores waren, wie wir oben gesehen, das Vexillum der 13. Legion, 1 ala equitum und 6 Auxiliarkohorten eingetroffen. Die Zwischenzeit bis zu dem Tage, wo man von Bedriacum zur letzten Schlacht aufbrach (2,39), war nur gering. Sind nun inzwischen neue Truppen angelangt, so müssen wir, wenn die vorhin erklärte Marschordnung richtig ist, zunächst das Gros (agmen) der 13. Legion vorfinden, sodann wieder das Vexillum einer anderen Legion, ferner Reiterei und Kohorten, u. s. f. je nach der Länge der Zwischenzeit. In der That ist bei der Entscheidungsschlacht die 13. Legion vollständig da samt ihrem Legaten Vedius Aquila, ebenso treffen wir ein neues Vexillum, nämlich das der quartadecumani (vgl. 2,43 und 66); endlich wird auch hinsichtlich der Reiterei unsere Berechnung bestätigt. Zwar wird in der Schlachtbeschreibung selbst nur ganz allgemein von equites gesprochen; allein da nach 3,2 dies zwei alae waren, da ferner in dem vorhergehenden Treffen nur eine ala mitgekämpft hatte, so war wirklich nach dem Vexillum der 14. Legion noch eine ala equitum eingetroffen. Die Auxiliarkohorten werden bei der letzten Schlacht nicht ausdrücklich erwähnt. So ergibt sich eine vollkommene Übereinstimmung der verschiedenen Teile des taciteischen Berichtes. Gegen diese Auffassung von T. h. 2,11 kann man nicht auf Suet. Vesp. 6 verweisen, wornach Vexilla der drei mösischen Legionen mit einander vorausmarschiert und bis Aquileja gekommen wären. Vor allem spricht nämlich Tacitus 2,11 ausdrücklich nur von den Legionen Dalmatiens und Pannoniens; ferner steht die Erzählung Suetons hinsichtlich der mösischen Legionen mit der des Tacitus (2,46 und 85, vgl. auch Dio (Xiph.) 66,9) in mehreren Punkten im Widerspruch, so dass man nicht beide sofort auf gleiche Linie stellen kann, sondern erst eine nähere Untersuchung zeigen muss, was von Suetons Bericht zu halten ist. Hiezu aber ist hier nicht der Ort.

Auf Grund dieser Ergebnisse können wir noch einige Punkte in früheren Abschnitten der Erzählung des Tacitus zu erläutern suchen. Zu welcher Truppenabteilung gehören nämlich die Pannoniorum cohors, die 100 Reiter und 1000 Flottensoldaten in 2,17, ferner die 1000 vexillarii unter der Mannschaft des Spurinna in 2,18?

Da diese Truppen bei Begebenheiten aus der allerersten Zeit des Krieges vorkommen, so können sie nicht Abteilungen von den 2,11 erwähnten Heeren Pannoniens und Dalmatiens sein. Die vexillarii in 2,18 als einen Teil der 2,11 genannten veterani e praetorio zu erklären, ist deshalb bedenklich, weil diese Prätorianerveteranen ausdrücklich nur als ein Bestandteil des unter Otho von Rom aufbrechenden Heeres genannt werden; Placentia aber hatte seine Besatzung von den Truppen des Gallus erhalten, ehe Otho an den Po gelangte. Dagegen finden wir geeignete Anhaltspunkte in einigen früheren Stellen des Tacitus (1,6. 26. 31), nach welchen sich zur Zeit der Erhebung Othos gegen Galba zahlreiche Truppenabteilungen aus Illyricum in Rom befanden; von diesen müssen jene Pannonierkohorte und die 1000 Vexillarier genommen gewesen sein.[48]) Tacitus hatte nämlich 2,11 diejenigen Truppen, welche den Kern der Streitmacht des Gallus bildeten oder für die Art des Krieges besonders charakteristisch waren, ausdrücklich angegeben; aber ausserdem muss Gallus auch noch jene kleineren Abteilungen von der damaligen Garnison Roms mit an den Po geführt haben, weil von ihm Spurinna die Truppen für Placentia erhielt. Ähnlich verhält es sich mit den 1000 Flottensoldaten in 2,17. Als Gallus den Spurinna mit verhältnismässig geringer Mannschaft ziemlich weit nach Westen detachierte, musste er für die Erhaltung der Verbindung mit Spurinna Sorge tragen; diesem Zwecke dienten jene Truppen zwischen Placentia und Cremona. Ebenso musste das Terrain zwischen Placentia und Ticinum beobachtet werden, da von dorther die Heeresstrasse aus den vom Feinde besetzten Gegenden führte; deshalb hatte Gallus dorthin 100 Reiter und 1000 classici gesandt.[49])

Schliesslich frägt es sich noch, zu welcher Heeresabteilung 2,22 der Primipilaris Turullius Cerialis, der früher in Germanien gedient hatte, und der Reiteroberst Julius Briganticus aus dem Bataverlande gehört haben können. Der 2,22 erwähnte Vorgang fällt schon beträchtlich später als das 2,17 Erzählte; in der Zwischenzeit war auch Otho mit seinen Truppen von Rom aufgebrochen, und es müssen die beiden Offiziere zu den Spitzen seines Heeres gehört haben, die zuerst den Po erreichten und die Verbindung mit den schon dort stehenden othonianischen Streitkräften zu suchen hatten. Daher werden mit ihnen auch Flottensoldaten genannt, von denen nach 2,11 bei dem Heere Othos zahlreiche Abteilungen sich befanden. Wenn aber bei Otho Offiziere germanischer Truppen erscheinen, so ist dies ein analoger Fall wie bei der Pannoniorum cohors. Nach Tac. hist. 1,6. 26. 31. 41 standen nämlich zur Zeit der Erhebung Othos auch detachierte Abteilungen von germanischen Legionen in Rom. Von ihnen muss Otho jene Offiziere seinem Heere beigegeben haben, ohne dass Tacitus 2,11 diese Einzelheit ausdrücklich erwähnt. So wird uns übrigens der ganze Vorgang, dieser rasche Abfall von Othos Sache, erst in seinem inneren Zusammenhange mit den früheren Begebenheiten verständlich; denn nach 1,31 hatten die germanischen Truppen in Rom von Anfang an wenig Neigung zur Empörung gegen Galba und zum Anschluss an Otho gezeigt; vgl.: „Germanica vexilla diu nutavere."

Was den weiteren Verlauf des Krieges seit der Besetzung von Bedriacum (s. S. 19) betrifft, so sind bald nach diesem Ereignisse auch Paulinus und Celsus auf dem Kriegsschauplatze am nördlichen Poufer eingetroffen (vgl. 2,23. 24). Befindet sich nun nach der Darstellung des Tacitus Otho gleichfalls schon damals auf dem nördlichen Poufer? Dies ist keineswegs der Fall.

Tacitus berichtet nämlich nirgends ausdrücklich von einem Übergang des Otho auf das nördliche Poufer und erwähnt auch den Otho bis zum letzten Kriegsrat bei keiner Begebenheit, die seine Anwesenheit dort voraussetzen würde, z. B. bei der Schilderung des Treffens ad Castores. Ferner bildeten das Heer, mit dem Otho von Rom an den Po marschierte, nach 2,11: „speculatorum lecta corpora cum ceteris praetoriis cohortibus, veterani e praetorio, classicorum ingens numerus." Da schon Gallus nach 2,11 fünf prätorische Kohorten mitgenommen hatte und ihre Gesamtzahl damals neun betrug, so waren vier diese ceterae coh. des Otho (vgl. Marquardt, röm. Staatsverwaltung. 1876. II S. 460; nach Mommsen (Die römischen Gardetruppen, Hermes 14. 1879. S. 33 und 16. 1881. S. 643) hätten von Claudius bis auf Vitellius 12 prätorische Koh. bestanden, so dass sich statt jener vier prät. Koh. des Otho dann sieben ergeben würden). Nun werden 2,24 bei der Aufzählung der sämtlichen nördlich des Po zur Zeit des Treffens bei Castores verfügbaren Truppen der Othonianer auch 3 prät. Koh. genannt; es waren aber von den zugleich mit der ersten Legion von Rom abmarschierten 5 prät. Koh. nach Abzug jener 3 unter Spurinna noch 2 vorhanden, so dass von den 4 (oder nach Mommsens Aufstellung über die damalige Zahl der prät. Koh. 7) prät. Kohorten des Otho nur eine auf das nördliche Poufer gegangen war. Ebenso müssen noch andere Truppen, die speculatores, die veterani e practorio, die classici zurückgeblieben sein. Da also ein bedeutender Teil des unter Otho von Rom abgegangenen Heeres, bei dem auch Paulinus und Celsus sich befunden haben müssen, südlich des Po zurückgeblieben war, so setzt dieser Umstand auch das Zurückbleiben eines Befehlshabers voraus, und dies kann nur Otho selbst sein, weil die beiden anderen ausdrücklich auf dem nördlichen Ufer erwähnt werden. Diese Auffassung findet auch im weiteren Verlauf der Erzählung Bestätigung. Später nämlich begab sich Otho zum Kriegsrate nach Bedriacum, blieb jedoch nach demselben nicht auf dem Kriegsschauplatze nördlich des Po. Dabei heisst es 2,33: „cum ipso (i. e. Othone) praetoriarum cohortium et speculatorum equitumque valida manus discessit;" offenbar sind dies Truppen, die, wie oben gezeigt wurde, von Anfang an mit dem Kaiser auf dem südlichen Poufer zurückgeblieben waren, dann ihn nach Bedriacum geleitet haben und jetzt wieder mit ihm zurückgehen.

Es besteht also in diesem Punkte nicht insofern eine wesentliche Verschiedenheit zwischen Plutarch (c. 5 und 10) und Tacitus in der Darstellung der Ereignisse, als etwa nach Tacitus der Kaiser Otho schon vor dem letzten Kriegsrate sich auf dem nördlichen Poufer befunden hätte. Plutarch erwähnt nur das anfängliche Zurückbleiben des Otho auf dem südlichen Ufer ausdrücklich und bezeichnet auch hier ausdrücklich Brixellum als den Ort, wo Otho blieb, während sich bei Tacitus das Zurückbleiben des Otho auf dem südlichen Poufer aus dem Zusammenhange seiner Erzählung ergibt.[50])

Auch im Betreff der Feldherrn Othos bedarf noch ein Vorgang 2,23 der Erklärung. Die Gladiatoren unter Marcius Macer waren während eines Gefechtes auf das nördliche Poufer bei Cremona vorgedrungen und hatten die ihnen entgegengetretenen Vitellianer niedergemacht oder zur Flucht nach Cremona genötigt; nun heisst es: „sed repressus (Med. reprehensis, Ritter reprehensus) vincentium impetus, ne novis subsidiis firmati hostes fortunam proelii mutarent. suspectum id Othonianis fuit omnia ducum facta prave aestimantibus. certatim, ut quisque animo ignavus, procax ore, Annium Gallum et Suetonium Paulinum et Marium Celsum—nam eos quoque Otho praefecerat—variis criminibus incessebant."

Von wem geht hier die Handlung aus, die in repressus (oder in Ritters reprehensus) enthalten ist? Macer selbst kann dies nicht sein, da der deshalb entstandene Verdacht der Soldaten sich nur gegen die drei Oberfeldherrn richtete und ferner Otho wegen der Missstimmung der Truppen wohl eine Änderung im Oberkommando durch Berufung seines Bruders Titianus vornahm, den Macer dagegen in seiner alten Stellung beliess. Daher kann dieser nicht schon damals den Zorn der Soldaten erregt haben. Als dies später wirklich eintrat, wurde auch er von Otho seines Kommandos enthoben und an seiner Stelle Flavius Sabinus zum Befehlshaber ernannt (2,36). Hier können also nur die drei Oberfeldherrn in Frage kommen.[51]

Ferner wurde nach dem Satze: „ne novis subsidiis firmati hostes fortunam proelii mutarent" die im Hauptsatze enthaltene Massregel (repressus oder reprehensus) ohne Zweifel durch eine Erwägung veranlasst, welche nur den eben erzählten Kampf betraf und während desselben sich geltend machte (vgl. fortunam proelii).[52] Diesem Zusammenhang entspricht nur repressus. Der Hergang muss nämlich folgender gewesen sein: Paulinus und Celsus hatten sich nach ihrem Eintreffen auf dem nördlichen Poufer jedenfalls über die zunächst notwendigen Massregeln mit Gallus verständigt, keineswegs aber konnten hierauf alle drei immer an dem gleichen Orte bleiben, etwa in Bedriacum. Man musste doch die ganze Linie zwischen Bedriacum und Cremona halten, worauf auch 2,24: „per concursum exploratorum, crebra magis quam digna memoratu proelia" hinweist; daher mussten die Feldherrn zur Leitung und Überwachung der Ausführung des gemeinsam Beschlossenen bald da bald dort auf dieser Linie gegenwärtig sein. So wurde von einem derselben dem weiteren Vordringen der Gladiatoren des Macer Einhalt geboten; natürlich richteten sich die Vorwürfe der Soldaten gegen die gemeinsame Oberleitung der drei Feldherrn.[53]

Hinsichtlich der Berufung des Titianus zur Oberleitung des Krieges besteht keine wesentliche Verschiedenheit zwischen Plutarch c. 7 und Tacitus 2,23. Da nämlich Otho nach der früheren Erzählung des Tacitus (1,90) seinen Bruder Titianus in Rom zurückgelassen hatte, so konnte dieser nicht in dem Augenblicke, wo der Kaiser sich zu jener Änderung im Oberkommando entschloss, seine Stellung beim Heere auch sofort übernehmen; Othos Befehl musste erst nach Rom gelangen und hierauf Titianus noch von Rom an den Kriegsschauplatz reisen. Daher erscheint Titianus bei Tacitus nicht sogleich bei den nach c. 23 folgenden Begebenheiten faktisch in seiner neuen Stellung als Befehlshaber, sondern erst bei dem letzten Kriegsrate c. 32 ff. Dieses Verhältnis drückt Tacitus ebenso kurz als genau mit den Worten aus: „igitur Titianum fratrem accitum bello praeposuit". Nach Plutarch c. 5 befand sich Titianus anfangs ebenfalls nicht unter den auf dem Kriegsschauplatze anwesenden Feldherrn; daher muss Otho auch nach ihm seinen Bruder vorher von Rom berufen haben, ehe er ihn nach dem Treffen ad Castores zum Heere sendet, und kann sich also nicht erst damals zu dieser Massregel entschlossen haben. Es erwähnt also Tacitus die Sache, als Otho die Anordnung traf, Plutarch erst dann, als sie beim Heere wirklich in Kraft treten konnte.[54]

Bezüglich des Treffens bei Castores weicht Plutarchs Schilderung c. 7 von der des Tacitus c. 24—26 ab. Nach Plutarch hätte anfangs Celsus allein nur mit seiner Reiterei durch sein vorsichtiges Vorgehen die Absicht der Feinde vereitelt, hierauf ihre in einem Hinterhalt liegenden Truppen eingeschlossen und dann erst das Fussvolk unter Paulinus aus dem Lager herbeigerufen; dagegen wurde nach dem sehr ausführlichen Berichte des Tacitus die Hauptmacht der Othonianer schon anfangs so aufgestellt, dass die Feinde von verschiedenen Seiten angegriffen werden konnten, wenn sie den absichtlich zurückweichenden Celsus unvorsichtig verfolgten. Da nun Celsus allein mit der Reiterei unmöglich soviel erreichen konnte, als in τὴν ἐνέδραν περισχών liegt, da er ferner mit den Reitern gegen die Vitellianer, die ihm allein weit überlegen waren, sich sicherlich nicht lange genug halten konnte, wenn das Fussvolk in jenem kritischen Augenblicke erst aus dem Lager hätte herankommen müssen, so kann Plutarchs Darstellung hier nicht mit den thatsächlichen Verhältnissen vereinbart werden.[55])

In Plutarchs Bericht über den letzten Kriegsrat (c. 8) weist ein Teil der Führer auf die bei längerem Zuwarten noch in Aussicht stehende Ankunft des Vitellius mit neuen Truppen aus Gallien hin. Bei Tacitus (2,31—33) wird dieses Moment durchaus nicht übergangen, im Gegenteile widerlegt Paulinus gerade diese Befürchtung ausdrücklich mit dem Hinweis darauf, dass Vitellius die Rheinlinie wegen der unzuverlässigen Haltung der dortigen Völkerschaften nicht ganz von Truppen entblössen könne, und zwar mit voller Berechtigung, weil man beim Gegner nicht eine solche desultorische Kriegsführung voraussetzen durfte, welche das Reich und damit die eigne Sache aufs äusserste gefährden konnte. Beweis hiefür ist der Einfluss, den das Verfahren des Vitellius auf die Entstehung des gefährlichen Bataveraufstandes hatte (vgl. Tac. 4,14 und 15). Die kaiserliche Partei kann die Gründe des Paulinus nicht widerlegen, und deshalb wird bei ihren Äusserungen dieses Punktes nicht mehr gedacht. Die Verschiedenheit ist nur eine äusserliche: Plutarch berichtet die Ansichten der kaiserlichen Partei vorher, dann erst die des Paulinus und zwar alles in viel kürzerer Fassung; allein die Worte des Paulinus: „τοῖς μὲν πολεμίοις πάντα μεθ' ὧν μαχοῦνται παρεῖναι καὶ μηδὲν ἐνδεῖν" geben den wesentlichen Inhalt seiner Ausführungen bei Tacitus, jedoch ohne die nähere Begründung. Eine abweichende Darstellung der thatsächlichen Verhältnisse kann in diesem Punkte um so weniger erkannt werden, als ja Plutarch selbst nicht die Ansicht der kaiserlichen Partei als die richtige hinstellt, vgl. c. 10: „καὶ τοῦτο προσεξαμαρτών."[56])

Die Worte des Paulinus 2,32: „obiacere flumen Padum, tutas viris murisque urbes" werden vielfach unrichtig erklärt.[57] Paulinus sagt nichts von einem jetzt vorzunehmenden Rückzuge, überhaupt spricht er durchaus nicht von irgend einer Veränderung der damaligen Stellung, da ja nach seiner Meinung in dieser Hinsicht später eine neue Beratung stattfinden soll (tum rursus deliberaturum). Mit jenen Worten erklärt er vielmehr die gegenwärtige Stellung der Othonianer als eine gesicherte; dabei bezieht sich „obiacere flumen Padum" auf die Linie, welche sie damals am südlichen Ufer von Placentia bis Cremona hielten, während weiter abwärts noch beide Ufer in ihrer Gewalt waren. Wie sollte aber Paulinus dazu raten, den östlichen Teil der Ebene nördlich des Po jetzt aufzugeben, da er doch selbst auf die nahe Ankunft verschiedener Abteilungen der illyrischen Heere hinweist, diese aber gerade durch jenen Teil der Poebene heranmarschierten?

Bei dem Kampfe der Gladiatoren Cremona gegenüber (Plut. c. 10 Tac. 2,34—36) sind in der Schilderung beider Schriftsteller die verschiedenen Abschnitte im Verlaufe desselben wohl auseinander zu halten. Bei Tacitus beginnen die Vitellianer den Gladiatoren gegenüber eine Schiffbrücke über den Po zu schlagen. Auf dem äussersten Schiffe ist zur Abwehr feindlicher Angriffe ein Turm errichtet; denn die Othonianer schleudern von einem Turme am Ufer Steine und Fackeln. Bis hieher besteht in dem wesentlichen Inhalt der Erzählung beider Schriftsteller (Plut. συνέβη δὲ —προσμαχομένων, Tac. inchoato ponte—faces iaculabantur) keine Abweichung, nur hält sich Plutarch viel kürzer und allgemeiner, während Tacitus über den Bau der Brücke, über die Art der Abwehr vom Ufer aus Einzelheiten berichtet. Da nun weder die Vitellianer die Brücke vollenden, noch die Othonianer den fertigen Teil zerstören können, so bleibt der Hauptsache nach der Kampf unentschieden. Die Othonianer haben aber ein überwiegendes Interesse daran, die Fortsetzung des Brückenbaues unmöglich zu machen; deshalb ist bei Tacitus der Beginn des folgenden Gefechtes c. 35, bei dem die Gladiatoren offensiv vorgehen (. . . per promptissimos gladiatorum Macer adgreditur), hinlänglich vermittelt.[58]

Bei Plutarch folgt nun ὡς δ' οὐδὲν ἐπέραινον—μετὰ γέλωτος παρεῖχον eine zweite Episode des Kampfes, welche sich bei Tacitus nicht findet; diese Stelle erfordert aber nachher eine ausführlichere Besprechung. Schliesslich erzählen Tacitus c. 35 et erat insula — comminus mergere und Plutarch οἱ δὲ Γερμανοὶ—οὐκ ὀλίγους einen Kampf um eine Insel im Po, im wesentlichen insoferne mit einander übereinstimmend, als die Gladiatoren unterliegen; die Schilderung des Tacitus ist jedoch viel mehr im einzelnen ausgeführt.

Die erwähnte Stelle bei Plutarch lautet: „ὡς δ' οὐδὲν ἐπέραινον, ἐνθεμένων εἰς τὰ πλοῖα δᾷδα θείου καὶ πίττης ἀνάπλεων (Sintenis ed. maior IV. 1846 mit Unrecht ἀνάπλεω ex coni.) διὰ τοῦ πυρὸς πνεῦμα προσπεσὸν ἄφνω τὴν παρεσκευασμένην ὕλην ἐπὶ τοὺς πολεμίους ἐξερρίπιζε, καπνοῦ δὲ πρῶτον, εἶτα λαμπρᾶς φλογὸς ἐκπεσούσης, ταραττόμενοι καὶ ἀποπηδῶντες εἰς τὸν ποταμὸν τάς τε ναῦς ἀνέτρεπον καὶ τὰ σώματα τοῖς πολεμίοις μετὰ γέλωτος παρεῖχον."

Hier heisst ἐντίθεσθαι εἰς τὰ πλοῖα nicht gegen die Schiffe schleudern, wofür Ausdrücke wie βάλλειν oder ἀφιέναι gebraucht sein müssten, sondern in die Schiffe legen; daher müssen unter πλοῖα Schiffe der Othonianer, nicht der Vitellianer verstanden werden. Ferner kann δᾷδα nicht Fackeln bedeuten, wofür δᾷδας notwendig wäre. Es ist demnach ἐνθεμένων δᾷδα keineswegs mit faces iaculabantur Tac. 2,34 identisch, vielmehr gehört δᾷδα θείου καὶ πίττης ἀνάπλεων zusammen und heisst: „Kienholz voll von Schwefel und Pech"; dadurch wird der kollektive Singular erklärlich. So gebrauchen δᾴς auch andere Schriftsteller, z. B. Thuc. 7,53 ὁλκάδα παλαιὰν κληματίδων καὶ δᾳδὸς γεμίσαντες; insbesondere aber findet sich bei Diodor 20,86 in der Erzählung der Belagerung von Rhodus eine vollkommene Parallelstelle, welche wegen der auffallenden Ähnlichkeit mehrerer Vorgänge für das Verständnis der Schilderung Plutarchs überhaupt sehr lehrreich ist: „οἱ δὲ Ῥόδιοι ξηρᾶς ὕλης καὶ δᾳδὸς ἀκάτια πληρώσαντες καὶ πῦρ ἐνθέμενοι, τὸ μὲν πρῶτον ἐπιδιώξαντες προσέπλεον ταῖς μηχαναῖς ταῖς τῶν πολεμίων καὶ τὴν ὕλην ὑφῆψαν, μετὰ δὲ ταῦτα τῷ πλωτῷ χάρακι καὶ τοῖς βέλεσιν ἀνειρχθέντες συνηναγκάσθησαν χωρεῖν εἰς τοὐπίσω. τῆς δὲ φλογὸς ἐπισχούσης ὀλίγοι μὲν κατασβέσαντες ἐπανῆλθον σὺν τοῖς σκάφεσιν, οἱ πλεῖστοι δὲ καιομένων τῶν ἀκατίων ἐξεκολύμβησαν." Daher entsprechen den Worten δᾷδα—ἀνάπλεων die folgenden τὴν παρεσκευασμένην ὕλην ἐπὶ τοὺς πολεμίους.[59]) Für ἐπέραινον—ἐνθεμένων—ταραττόμενοι καὶ ἀποπηδῶντες—ἀνέτρεπον καὶ παρεῖχον ist als Subjekt das unmittelbar vorhergehende τῶν δ' Ὄθωνος zu nehmen, so dass alle diese Prädikate auf die Othonianer zu beziehen sind. Wäre nach ἐξερρίπιζε nicht mehr das gleiche Subjekt beibehalten, sondern πολέμιοι = Vitellianer als solches zu denken, so müsste dieser Wechsel des Subjektes irgendwie vor ταραττόμενοι angedeutet sein, z. B. mit οὗτοι.[60]) Endlich bezeichnet τοὺς πολεμίους und τοῖς πολεμίοις beide Male in gleicher Weise die Vitellianer im Gegensatze zu den Othonianern. Wir erhalten also folgende Übersetzung: Als sie (die Othonianer) nichts ausrichteten, legten sie in ihre Schiffe Kienholz voll von Schwefel und Pech; allein in Folge der Fahrt fiel plötzlich ein Luftzug darauf und fachte das gegen die Feinde in Bereitschaft gehaltene Holz an. Als nun anfangs Rauch, dann helles Feuer herausschlug, gerieten sie in Verwirrung, sprangen in den Fluss, warfen so die Schiffe um und stellten ihre Körper in lächerlicher Weise den Feinden bloss.

Der Erzählung Plutarchs zufolge wollten also die Othonianer nach vergeblichen Versuchen vom Ufer aus den Brückenbau zu hindern (εἰργόντων καὶ προσμαχομένων, ὡς δ᾽ οὐδὲν ἐπέραινον..) und noch vor dem Kampfe um die Flussinsel (οἱ δὲ Γερμανοὶ ....) mit Schiffen bis in die Nähe der Brücke fahren und durch Hinüberschleudern brennender Stoffe die Brücke in Brand stecken; allein da das Holz zu früh in Brand geriet, dann das Feuer sie in ihren eigenen Schiffen bedrohte und so Verwirrung hervorrief, so misslang das Unternehmen.[61]) Von einem solchen Vorgange erzählt Tacitus nach faces iaculabantur 2,34 überhaupt nichts; bei ihm versuchen die Othonianer nur vom Ufer aus (in ripa) die Brücke in Brand zu stecken und nachher einer Flussinsel sich zu bemächtigen.

Plutarchs Bericht kann nach seinen Hauptmomenten: Kampf der Othonianer vom Ufer aus — Versuch auf Schiffen in die Nähe der Brücke zu kommen und durch Hinschleudern brennender Stoffe sie in Brand zu stecken — Kampf um die Flussinsel nicht als an sich unwahrscheinlich erklärt werden; denn hatten auch die Othonianer schon einen Misserfolg erlitten, so schliesst dies einen neuen Kampf um die Flussinsel keineswegs aus, da sie der Vollendung der Brücke unter allen Umständen entgegentreten mussten.

Mit dem Hauptheere zogen Othos Feldherrn nach dem Kriegsrate weiter westlich und schlugen vier Milien von Bedriacum ein Lager (Tac. 2,39); auf grosse Schwierigkeiten stiess man nun bei der Erklärung des Marsches, welchen die Othonianer hierauf noch bis zur Entscheidungsschlacht machten.[62])

Für das Verständnis des Herganges ist vor allem der Umstand wichtig, dass sich Paulinus und Celsus dem Aufbruch aus dem Lager ad quartum a Bedriaco und somit dem Antreten des Marsches nach der Erzählung des Tacitus überhaupt nicht widersetzten. Sicher thaten sie dies in der That nicht, weil ja nach c. 39 von Titianus und Proculus der Platz für das Lager so schlecht gewählt worden war, dass empfindlicher Wassermangel herrschte und daher dieses Lager ohne Zweifel verlassen werden musste. Aber während des Marsches weigerten sie sich an irgend einem Punkte weiter zu ziehen, indem sie auf die nun drohenden Gefahren hinwiesen.[63]) Hierüber erzählt Tacitus 2,40: „Non ut ad pugnam sed ad bellandum profecti confluentes Padi et Aduae fluminum sedecim inde milium spatio distantes petebant. Celso et Paulino abnuentibus militem itinere fessum, sarcinis gravem obicere hosti non omissuro, quo minus expeditus et vix quattuor milia passuum progressus aut incompositos in agmine aut dispersos et vallum molientes adgrederetur, Titianus et Proculus, ubi consiliis vincerentur, ad ius imperii transibant."

Nun war Bedriacum von Cremona 20 oder 22 Milien (Schol. ad Iuv. 2,99, bez. tab. Peut.), Cremona aber von der Addamündung gegen 6 M. entfernt; daher hatten die Othonianer von ihrem Lager 4 M. westlich von Bedriacum bis zur Addamündung noch 22 oder 24 M. zurückzulegen. Indem man nun „sedecim milium spatio" auf die Länge des ganzen Marsches bezog, erklärte man die taciteische Darstellung von diesem Marsche als verkehrt. Allein ist diese Stelle überhaupt so zu verstehen?

Bei den Worten „sedecim inde milium spatio distantes" ist, wenn nicht ein besonderer Grund etwas anderes erfordert, als die natürlichste und am nächsten liegende Beziehung die auf die letzte Ortsbestimmung anzunehmen. Nachdem nun mit: Non ut ... ein neuer Abschnitt in der Erzählung begonnen, steht vor inde keine Ortsbestimmung als confluentes Padi et Aduae fluminum; darauf muss sich daher inde beziehen. Daraus folgt dann, dass distantes nicht zu confluentes sondern zu dem Subjekte von petebant als Apposition gehört. Dieser Auffassung gegenüber ist der Einwand nicht stichhaltig, Tacitus hätte sich anders ausdrücken müssen, wenn seine Worte so verstanden werden sollten, da bei der vorliegenden Fassung der Stelle jeder distantes mit confluentes verbinde. So verhielte sich die Sache nur dann, wenn inde eine klare Beziehung auf eine andere Ortsangabe hätte als confluentes P. et A. fl.; es müsste wenigstens profecti a castris heissen, wenn die besprochenen Worte den gewöhnlich angenommenen Sinn haben sollten. Aber eben weil nur profecti vorhergeht, ist mit der hieraus folgenden Beziehung von inde auf confluentes, auf welche übrigens auch die Stellung der Worte: „confluentes P. et A. fl. sedecim inde milium spatio distantes petebant" hinweist, die von distantes auf das Subjekt in petebant gleichfalls mit aller Klarheit gegeben. Die sprachliche Berechtigung dieser Auffassung von distantes zeigt z. B. hist. 3,60: „simul conloquia cum Vitellianis decem milium spatio distantibus et proditio sperabatur."[64])

Diese Erklärung verlangt ferner die ganze Sachlage, die uns, wie oben dargelegt wurde, bei petebant—abnuentibus vorgeführt wird. Da nämlich Paulinus und Celsus nach den von Tacitus c. 39 erzählten Verhältnissen ihren Widerspruch nicht gegen das Antreten des Marsches überhaupt richten konnten, sondern während des Marsches gegen die weitere Fortsetzung desselben, bei der man unter den ungünstigsten Umständen auf den Feind geraten musste (militem . . . obicere hosti), so kann auch in sedecim inde—distantes nicht eine Entfernungsangabe enthalten sein, welche nur für den Beginn des Marsches passen würde.

Die ganze Stelle heisst also deutsch: Nicht wie zu einer Schlacht, sondern wie zu einem Feldzuge aufgebrochen, befanden sie sich auf dem Marsche nach der Mündung der Adda in den Po, sechzehn Milien davon entfernt. Als Celsus und Paulinus sich weigerten, die vom Marsche ermüdeten, mit Gepäck beladenen Truppen dem Feinde entgegenzuführen, der es nicht unterlassen würde, sie anzugreifen, selbst zum Kampfe gerüstet und nach einem Marsche von kaum 4 Milien, während sie entweder auf dem Marsche nicht geordnet oder bei der Schanzarbeit zerstreut wären, machten Titianus und Proculus das Recht des Oberbefehles geltend, da sie gegen die einsichtsvollen Vorstellungen nicht aufkommen konnten.

Der Punkt also, wo der hier geschilderte Vorgang stattfand, war von der Addamündung noch sechzehn Milien entfernt. Hinsichtlich der Distanzangabe besteht demnach in unserer Stelle kein gegründetes Bedenken, da sie sich überhaupt nicht auf die Entfernung des Lagers ad quartum a Bedriaco von der Addamündung bezieht. Indem Tacitus gerade jenen Punkt genauer fixiert, erfahren wir auch, welche Forderung Paulinus und Celsus dem geplanten Marsche an die Addamündung entgegenstellten; nach ihrer Meinung sollte offenbar das Heer an dem so bezeichneten Punkte halt machen und dort ein neues Lager beziehen, da ja das Lager ad quartum a Bedriaco wegen der Terrainverhältnisse an sich unhaltbar gewesen.[65]) Die andere Entfernungsangabe, wonach die Vitellianer der Voraussetzung des Paulinus und Celsus zufolge nach einem Vormarsche von kaum 4 Milien die Othonianer angreifen könnten, erklärt sich aus den thatsächlichen Verhältnissen gleichfalls vollständig. Es werden nämlich zwei Fälle als möglich angenommen. Der Feind kann die Absicht haben, die Othonianer überhaupt nicht ohne Kampf an Cremona vorbeiziehen zu lassen, sondern sie zur Annahme einer Schlacht vom Marsche aus zu nötigen; dann wird er mit dem Angriff nicht warten, bis sie hart an seinen Befestigungswerken sind, sondern ihnen soweit entgegenmarschieren, dass er selbst zur Entfaltung seiner Streitkräfte genügend Raum hat. Als wahrscheinlich können Paulinus und Celsus hiefür mit Recht eine Entfernung von etwa 4 M. annehmen. Wenn aber der Feind die Othonianer an Cremona vorbeiziehen lässt und den Angriff verschiebt, bis sie an der Addamündung mit der Schanzarbeit beschäftigt sind, so beträgt zwar die Entfernung von Cremona bis zur Addamündung ungefähr 6 M., aber es wird doch schon früher zum Schlagen kommen müssen; denn die Othonianer können dann im eigenen Interesse den Feind nicht an ihre mit den Schanzarbeiten beschäftigten Leute heranrücken lassen, sondern müssen ihm eher entgegentreten.⁶⁶)

Die Art des Marsches, den die unfähigen Feldherrn unternahmen, hat Tacitus klar charakterisirt. So ist mit den Worten: hosti non omissuro—adgrederetur offenbar auf Cremona hingewiesen; denn der Feind, von welchem Paulinus und Celsus einen Angriff befürchten, steht in Cremona.⁶⁷) Ferner warteten die Vitellianer in der That nicht, bis Titianus und Proculus das Ziel ihres Marsches erreichten, so dass die von Celsus und Proculus befürchteten schlimmen Folgen eintrafen, ein Beweis dafür, dass der Marsch wirklich ausgeführt wurde, wie Tacitus ihn berichtet.⁶⁸) Auch ergibt sich aus der Erzählung des Tacitus, warum diese unfähigen Führer auf das Gelingen eines solchen Marsches rechnen konnten. Die Vitellianischen Feldherrn hatten sich einige Zeit vorher ganz ruhig verhalten, offenbar um bei den Gegnern die Überzeugung hervorzurufen, die Vitellianer würden unter keinen Umständen selbst angreifen. Daher unternahmen Titianus und Proculus diesen Marsch in der sicheren Voraussetzung, der Feind werde nicht angreifen, sondern sie selbst könnten die Zeit des Angriffes wählen; vgl. 2,34: „quieti intentique Caecina ac Valens, quando hostis imprudentia rueret, quod loco sapientiae est, alienam stultitiam opperiebantur."⁶⁹) Der Schriftsteller selbst kennzeichnet also in dieser Stelle und ebenso c. 39 mit den Worten: „nec perinde diiudicari potest, quid optimum factu fuerit quam pessimum fuisse quod factum est" das Verfahren der beiden Feldherrn als ein unsinniges und verkehrtes; er hat daher den Bericht von diesem Marsche nicht gegeben, ohne selbst eine Einsicht in die Art desselben zu besitzen.⁷⁰)

In dem entsprechenden Abschnitte bei Plutarch darf man c. 11: „τῇ δ' ὑστεραίᾳ βουλόμενον προάγειν ἐπὶ τοὺς πολεμίους ὁδὸν οὐκ ἐλάττονα σταδίων ἑκατὸν οἱ περὶ τὸν Παυλῖνον οὐκ εἴων..." diese 100 Stadien = 12½ M. nicht unmittelbar mit den 16 M. des Tacitus zusammenstellen⁷¹); denn bei Plutarch wird von der Addamündung als Ziel des Marsches gar nicht gesprochen, und es wird also die Lage der Gegend, wo es voraussichtlich zum Schlagen kommen musste und wo es nachher wirklich zum Kampfe kam, von den beiden Schriftstellern nicht vom gleichen Ausgangspunkte bestimmt, sondern bei Plutarch vom letzten Lager auf 12½ M., bei Tacitus von Cremona auf 4 M. Da nun von den 20 M. Weges zwischen Bedriacum und Cremona 4 M. wegfallen, weil das Heer nach Tacitus aus dem Lager 4 M. westlich von Bedriacum aufgebrochen war, ebenso 4 weitere M., da es 4 M.

östlich von Cremona zur Schlacht kam, so erhalten wir bei Tacitus 12 M. als die den 100 St. = 12½ M. des Plutarch entsprechende Entfernung. So stimmen beide gerade hier, wiewohl sie die Entfernung von verschiedenen Ausgangspunkten aus angeben, in merkwürdiger Weise überein; auch bedienen sich beide nicht völlig exakter, sondern sog. abgerundeter Zahlen, Tacitus von Cremona aus vix quattuor milium, Plutarch vom letzten Lager aus οὐκ ἐλάττονα ἑκατὸν σταδίων.

Dagegen liegt eine Verschiedenheit beider Schriftsteller hinsichtlich der Entfernung des letzten Lagers von Bedriacum vor, welche nach Tacitus 4 M., nach Plutarch 50 St. = 6¼ M. beträgt.[72]) Für die Beurteilung dieses Verhältnisses gewinnen wir einen Anhaltspunkt, wenn wir die ganze Entfernung von Cremona bis Bedriacum nach den Angaben Plutarchs zu berechnen suchen. Da für die Strecke vom letzten Lager bis zum Schlachtfelde die nämliche Entfernung (12 M. in runder Zahl) in beiden Berichten zu grunde liegt, so muss die Entfernungsbestimmung des Schlachtfeldes von Cremona bei Tacitus auch für die plutarchische Darstellung giltig sein. Somit ergibt sich bei Plutarch für den Weg von Cremona nach Bedriacum: $4 + 12(½) + 6(¼) = 22(¾)$ M. Dies stimmt im ganzen mit den 22 M. in der tab. Peut. überein; jene abweichende Angabe Plutarchs geht also darauf zurück, dass die Entfernung Bedriacums von Cremona in den beiden Berichten nicht gleich angesetzt ist, eine Verschiedenheit, die sich auffallender Weise in den beiden uns sonst erhaltenen Überlieferungen über die Lage dieses Ortes wieder findet.

Plutarch weicht nach dem genauen Wortlaute seiner Darstellung noch in einem Punkte von Tacitus ab. Er erzählt von dem beabsichtigten Marsche nach der Addamündung nichts; daher verlangt nach seiner Darstellung Paulinus den Absichten des Titianus und Proculus gegenüber, man solle in dem Lager 50 St. von Bedriacum bleiben (ἀλλ' ᾤοντο δεῖν περιμένειν c. 11). Da nun aber auch Plutarch in dem unmittelbar vorhergehenden Satze darlegt, der Platz für dieses Lager sei ganz unzweckmässig gewählt gewesen und die Truppen hätten an Wassermangel zu leiden gehabt, so entbehrt es aller Wahrscheinlichkeit, dass Paulinus unter solchen Umständen verlangte in diesem Lager zu bleiben; es muss demnach der Bericht des Tacitus und nicht der in solcher Weise gekürzte des Plutarch als der beglaubigte gelten.

Bei der Entscheidungsschlacht lässt sich nach der Schilderung des Tacitus 2, 42—44 die Stellung der einzelnen Truppen im allgemeinen hinlänglich genau bestimmen. Die legio I Adjutrix kämpfte in der Ebene zwischen dem Po und der postumischen

Strasse, also auf dem linken Flügel der Othonianer, ihr gegenüber von den Vitellianern die 21. Rapax; auf der andern Seite, dem rechten Flügel der Othonianer, stand die 13. Legion gegenüber der 5. von den Vitellianern.[73]) Ferner muss nach 2, 43: „circumventi plurium adcursu quartadecumani", wornach diese auf das Zurückweichen der 13. Legion hin von den Vitellianern überflügelt werden konnten, das Vexillum der 14. Legion rechts neben der 13. auf dem äussersten rechten Flügel gestanden sein.[74]) Da mit „inter Padum viamque patenti campo" und mit „a parte alia" die beiden Flügel bezeichnet sind, so muss das Centrum der Schlachtlinie seine Stellung auf dem Strassendamme gehabt haben, worauf sich 2, 42: „in aggere viae conlato gradu corporibus et umbonibus niti" bezieht. Hier müssen die Prätorianer gekämpft haben, die auf keinem der beiden Flügel namhaft gemacht werden, wie sie auch in dem Treffen ad Castores diese Stellung im Centrum eingenommen hatten. So ergibt sich eine sehr klare Disposition der Schilderung des Kampfes. Tacitus beginnt die Darstellung des Verlaufes der Schlacht bei dem Centrum der Othonianer, wo sich ein hartnäckiges Ringen entspinnt (in aggere viae — certabant), dann geht er zu den Kämpfen am linken Flügel über (forte inter Padum — rapuit) und hierauf zu denen am rechten (a parte alia — quartadecumani). Vollständig entschieden ist die Schlacht bis zu diesem Zeitpunkte noch nicht. Nun wird noch kurz die schlechte Haltung der othonianischen Führer charakterisiert im Gegensatze zu der trefflichen Leitung bei den Vitellianern, welche zur rechten Zeit Hilfe durch Alfenus Varus erhalten (et ducibus — firmabant); dann gelangt die Erzählung offenbar zu dem entscheidenden Momente: das Centrum der Othonianer wird durchbrochen, worauf von weiterem Widerstande nicht mehr die Rede ist (et media acie perrupta fugere passim Othoniani), und so kehrt Tacitus wieder zu dem Ausgangspunkte seiner Schilderung zurück.

Ganz entgegengesetzte Auffassungen bestehen bezüglich der Stelle in der Schlachtbeschreibung, die 2,43 von den Gladiatoren und Batavern handelt: „et ducibus Othonis iam pridem profugis Caecina ac Valens subsidiis suos firmabant. accessit recens auxilium, Varus Alfenus cum Batavis, fusa gladiatorum manu, quam navibus transvectam obpositae cohortes in ipso flumine trucidaverant: ita victores latus hostium invecti."[75])

Hier ist in fusa — trucidaverant die kurze Erwähnung eines während der Entscheidungsschlacht stattfindenden Kampfes der Gladiatoren enthalten, nicht aber nur eine Zurückweisung auf die 2, 35 erzählten Begebenheiten.[76]) In c. 43 ist nämlich Varus Alfenus Führer der Vitellianer und nach dem ganzen Zusammenhange der Stelle muss die in „fusa gladiatorum manu" enthaltene Handlung auch unter seiner Führung geschehen sein; allein bei dem Kampfe c. 35 wurde Alfenus gar nicht erwähnt und schon deshalb kann c. 43 nicht eine blosse Verweisung auf c. 35 vorliegen. Ueberhaupt finden wir c. 43 in allen Stücken einen ganz anderen Vorgang als c. 35; es lassen sich folgende Momente unterscheiden: 1. Die Gladiatoren setzen in Schiffen über den Po, gehen also auf das andere (nördliche) Ufer über. Nur diese Bedeutung kann navibus transvectam ohne weitere beschränkende Bestimmung haben, was auch ein Vergleich mit 2,23: „Marcius transvectos navibus gladiatores in adversam Padi ripam repente effudit" bestätigt; dagegen war 2,35 nur von der Ueberfahrt zu einer Insel im Flusse und von einem Kampfe um diese Insel die Rede. 2. Die Bataverkohorten sind gegen einen solchen Angriff in Bereitschaft und treten ihm entgegen (obpositae cohortes). 3. Die Gladiatoren halten nicht stand und suchen wieder das rechte Ufer zu gewinnen, werden aber von den Feinden bis in den Fluss hinein verfolgt. — Da jetzt für die Vitellianer von dieser Seite ein Ueberfall nicht mehr zu befürchten war, so konnte Alfenus mit seinen Leuten noch rechtzeitig in die Hauptschlacht eingreifen. Dabei ist für die Auffassung des Ganzen die Anknüpfung des Satzes „victores latus hostium invecti" mit ita sehr wesentlich; in solcher Weise in der Erzählung fortzufahren wäre ganz unmöglich, wenn das unmittelbar Vorhergehende sich auf einen Kampf bezöge, der schon vor längerer Zeit stattgefunden.

Plutarch erzählt c. 12: „τοῖς δὲ μονομάχοις ἐμπειρίαν τε καὶ θάρσος ἔχειν πρὸς τὰς συμπλοκὰς δοκοῦσιν ἐπήγαγεν Οὔαρος Ἀλφῆνος τοὺς καλουμένους Βατάβους. εἰσὶ δὲ Γερμανῶν ἱππεῖς ἄριστοι, νῆσον οἰκοῦντες ὑπὸ τοῦ Ῥήνου περιρρεομένην. τούτους ὀλίγοι μὲν τῶν μονομάχων ὑπέστησαν, οἱ δὲ πλεῖστοι φεύγοντες ἐπὶ τὸν ποταμὸν ἐμπίπτουσιν εἰς σπείρας τῶν πολεμίων αὐτόθι τεταγμένας, ὑφ᾽ ὧν ἀμυνόμενοι πάντες ὁμαλῶς διεφθάρησαν." Als der wesentliche Inhalt dieser Stelle ergibt sich: 1. V. Alfenus stellt sich mit den Batavern den Gladiatoren entgegen. 2. Die Gladiatoren halten nicht stand, sondern fliehen gegen den Fluss zu. 3. Sie werden auf der Flucht niedergemacht.

Da nun nach Plutarch die Gladiatoren ἐπὶ τὸν ποταμὸν fliehen, während die Flucht der übrigen Othonianer auch bei ihm nach Bedriacum sich richtet (c. 13), so beruht die plutarchische Darstellung ebenfalls auf der Voraussetzung, dass die Gladiatoren unmittelbar vor diesem Kampfe auf dem südlichen Ufer ihre Stellung gehabt, welche sie eben durch die Flucht wieder zu erreichen suchen. Demnach liegt bei ihm die gleiche Auffassung zu grunde wie bei Tacitus, dass nämlich die Gladiatoren den Fluss überschreiten, um ihrerseits in den Entscheidungskampf einzugreifen, und dass sie daher angreifend vorgehen, ehe Alfenus ihnen entgegentreten kann. In dieser Hinsicht stimmen also beide Schriftsteller überein.⁷⁷) Dagegen übergeht Plutarch das so wichtige Eingreifen des Alfenus in die Hauptschlacht nach jenem Kampfe mit den Gladiatoren (vgl. ita victores latus hostium invecti).⁷⁸)

Nach Plutarch wäre durch das gleich beim Beginne der Schlacht in unaufgeklärter Weise unter den Othonianern entstandene Gerücht von dem Abfalle des vitellianischen Heeres und die Folgen desselben, ferner durch die allenthalben herrschende Verwirrung der Ausgang des Kampfes von Anfang an nicht zweifelhaft gewesen (vgl. c. 12 ἐμπίπτει δὲ — συμπλέκεσθαι τοῖς ἐναντίοις); ja die Prätorianer wären ohne Schwertstreich geflohen (c. 12 αἴσχιστα δ' ἠγωνίσαντο — φεύγοντες δι αὐτῶν).

Die beiden ersten Momente erwähnt Tacitus gleichfalls, ohne sie aber in solcher Weise als entscheidend hinzustellen; denn er sagt 2,42 nachher noch: „Othoniani, quamquam dispersi, pauciores, fessi, proelium tamen acriter sumpsere", und es entwickeln sich die hartnäckigsten Kämpfe. Als die eigentliche Ursache erscheint bei ihm die Haltung der Führer. Während die Tapferkeit der Truppen durch die ungünstigen Verhältnisse, unter denen sie sich schlagen müssen, in um so hellerem Lichte sich zeigt, heisst es von den Führern gleich beim Beginn des Kampfes: „apud Othonianos pavidi duces" (2,41) und unmittelbar vor der entscheidenden Wendung: „et ducibus Othonis iam pridem profugis" (2,43).⁷⁹) Die Prätorianer leisten bei ihm im Centrum (vgl. c. 42 am E.) längere Zeit hartnäckig Widerstand; allein da der linke Flügel schon zurückgewichen und durch die Schuld der Führer kein Sukkurs kam, so musste der Angriff des Alfenus die Flanke des Centrums treffen und daher heisst es gleich nachher: „et media acie perrupta . . ."⁸⁰) So erklärt es sich, wie nachher 2,44 die Prätorianer von Verrat sprechen können (praetorianus miles non virtute se, sed proditione victum fremebat). Bei der taciteischen Darstellung herrscht also Übereinstimmung unter den Thatsachen der verschiedenen Abschnitte.

Hätten dagegen nach Plutarch die Prätorianer insgesamt, ohne nur den Angriff des Feindes zu erwarten, die Flucht ergriffen, und hätte sich so ein bedeutender Teil der othonianischen Schlachtlinie gleich anfangs vollständig aufgelöst, so wäre ein so hartnäckiger Kampf, wie er dennoch stattfand, sehr unwahrscheinlich. Auch stimmt es zu einem solchen Hergang schlecht, wenn nach Plut. c. 13 Gallus von dem Kampfe wie von einem unentschiedenen spricht. Ferner vermisst man bei Plutarch vollständig die Angabe der näheren Umstände, die eine so schlechte Haltung gerade der Prätorianer erklären würden. Die Prätorianer erscheinen aber sonst, was die Tapferkeit im Kampfe betrifft, nicht als eine schlechte Truppe; vgl. Plut. c. 6 und ihre Kampfbegierde c. 9, ferner heisst es später Tac. h. 2,67 von ihnen: tum resumpta militia robur Flavianarum partium fuere. Unter solchen Umständen entbehrt der abweichende Bericht Plutarchs genügender Beglaubigung.[81])

Der Ort, wohin die Othonianer flohen, kann nach der Darstellung des Tacitus nur Bedriacum und ein unmittelbar mit dieser Stadt verbundenes Lager sein, nicht aber das Lager ad quartum a Bedriaco[82]), welches man überhaupt nach dem Aufbruch des Heeres wegen seiner schon früher berührten Beschaffenheit (s. S. 30) sicher nicht hatte bestehen lassen. Tacitus hätte zur Bestimmung des Punktes, wo die Vitellianer auf der Verfolgung halt machen, gewiss 2,45 nicht geschrieben: „At Vitellianus exercitus ad quintum a Bedriaco lapidem consedit", um zu sagen, dies sei in Wirklichkeit tausend Schritte von dem Lager des verfolgten Feindes geschehen. Übrigens muss der Leser nach der früheren Erzählung des Tacitus ein mit Bedriacum verbundenes Lager allerdings voraussetzen, ähnlich wie nach 3,26 die Vitellianer ein solches bei Cremona hatten. Schon 2,23: „(Gallus) legionem primam .... Bedriaci sistit" bedingt nach römischem Brauche die Anlage eines Lagers zu Bedriacum. Dass ein solches Lager bestand, liegt ferner in 2,39: „promoveri ad quartum a Bedriaco castra placuit", während zugleich 2,44: „magnam exercitus partem Bedriaci remansisse" und „fugere passim Othoniani Bedriacum petentes" in Verbindung mit: „Su. Paulinus et Lic. Proculus diversis itineribus castra vitavere" zeigt, dass dieses Lager auch nach dem Aufbruch des Titianus noch bestehen blieb. Übrigens herrscht hier bezüglich der Sache und der Darstellung vollständige Übereinstimmung zwischen Tacitus und Plutarch. Auch dieser sagt ohne nähere Darlegung des Sachverhaltes, wie man sie in einem ähnlichen Falle Tac. 3,26 findet, c. 7: „κατεστρατοπέδευσε πλησίον τῶν πολεμίων" und c. 8: „παραγενόμενος εἰς Βητριακὸν εἰς τὸ στρατόπεδον", und wiewohl er c. 11 schreibt: „τῶν ἐν Βητριακῷ στρατιωτῶν τοῦ Ὄθωνος ἐκφερομένων μετ᾽ ὀργῆς ἐπὶ τὴν μάχην προήγαγεν αὐτοὺς ὁ Πρόκλος ἐκ τοῦ Βητριακοῦ καὶ κατεστρατοπέδευσεν ἀπὸ πεντήκοντα σταδίων", so setzen dennoch, ohne dass eine nähere Aufklärung hierüber vorhergegangen wäre, seine späteren Worte c. 12: „διεξέπεσον ... εἰς τὸ στρατόπεδον" das Fortbestehen des Lagers zu Bedriacum voraus, während er gleich nachher c. 13 von der nämlichen Sache einfach sagt: „Ἄννιος δὲ Γάλλος ἀνελάμβανεν ἐν τῇ πόλει." Wie also bei Tacitus von Bedriacum und dem damit verbundenen Lager 2,44 und 45 ohne Unterschied die Ausdrücke Bedriacum petentes ... castra vitavere ... vallum ingressus ... Bedriaci remansisse ... patuit vallum ... isdem tentoriis gebraucht sind⁸³), so ist dies bei Plutarch c. 12 und 13 mit διεξέπεσον εἰς τὸ στρατόπεδον... ἀνελάμβανεν ἐν τῇ πόλει... ἐρχομένην ἐπὶ τὸ Βητριακόν... ἐβάδιζον μετ' αὐτῶν εἰς τὸ Βητριακόν der Fall, und wir haben somit hier eine recht auffallende Ähnlichkeit in der ganzen Darstellungsweise beider Schriftsteller.

Nach der Entscheidungsschlacht erzählen Tacitus und Plutarch den Abfall des Heeres zu Bedriacum und seinen Übertritt zur vitellianischen Partei (das Nähere hierüber s. S. 44 ff.); hierauf folgt die Erzählung von dem Selbstmord Othos. Wegen der damit zusammenhängenden Folgerungen ist es nun eine wichtige Frage, ob der historischen Überlieferung gemäss Otho von dem Abfalle seines Heeres in Bedriacum schon Kenntnis hatte, als er sich in Brixellum zum Selbstmord entschloss.

Bei Tacitus kommt kein positiver Anhaltspunkt dafür vor, dass dem Otho der Abfall des Heeres damals schon bekannt war⁸⁴); an solchen für das Gegenteil fehlt es aber nicht. Der Prätorianerpräfekt Plotius Firmus stellt 2,46 dem Otho vor, er solle nicht sein ihm so treu ergebenes Heer, nicht seine Soldaten, die für ihn so viel gethan, im stiche lassen. Wenn man jedoch damals in Brixellum schon von dem Abfall des Heeres in Bedriacum Nachricht gehabt hätte, so könnte Tacitus den Pl. Firmus unmöglich so sprechen lassen; dieser müsste dann vielmehr eben hierauf Bezug nehmen und dem Kaiser zeigen, dass ihm trotz des Abfalles jener Truppen noch hinreichende Hilfsmittel zu gebote stünden. Auch die Verhältnisse, welche in Bezug auf Zeit und Ort der einzelnen Vorgänge stattfinden, beweisen das nämliche. Otho erhielt die Nachricht, die in ihm den Entschluss zum Selbstmord veranlasste, durch Leute, welche vom Schlachtfelde nach Brixellum kamen; diese konnten also selbst von den Vorgängen beim Heere in Bedriacum noch nichts wissen. Der Abfall der Truppen geschah ja erst am Tage nach der Schlacht, und es muss an diesem Tage schon ziemlich spät geworden sein, bis er wirklich vollzogen war, da erst nach längeren Beratungen, nach Abordnung einer Gesandtschaft an die 5 Milien entfernten Vitellianer und nach der Rückkehr derselben nach Bedriacum die Vereinigung beider Heere stattfinden konnte.

Bei Plutarch verhält sich die Sache ebenso. Was bei ihm den Otho zu dem Entschlusse sich das Leben zu nehmen bestimmt, enthalten c. 15 folgende Worte: „Τῷ δ' Ὄθωνι πρῶτον μὲν ἀσαφής, ὥσπερ εἴωθε περὶ τῶν τηλικούτων, προσέπεσε λόγος, ἐπεὶ δὲ καὶ τετρωμένοι τινὲς ἧκον ἐκ τῆς μάχης ἀπαγγέλλοντες..." Da sich hier mit der entsprechenden Stelle bei Tacitus 2,46: „maesta primum fama, dein profugi e proelio perditas res patefaciunt" die vollkommenste Übereinstimmung zeigt, da ferner in der folgenden Erzählung des Plutarch kein Anhaltspunkt dafür vorhanden ist, dass nach seiner eigenen Auffassung damals in Brixellum schon mehr bekannt gewesen, als die angeführten Worte enthalten, so beruht auch Plutarchs Darstellung von Othos Selbstmord auf der Voraussetzung, Otho habe nur von der Niederlage seines Heeres Kenntnis. In dieser Hinsicht besteht also überhaupt keine Verschiedenheit zwischen Plutarch und Tacitus, und somit entbehren auch alle weiteren von der gegenteiligen Annahme ausgehenden Folgerungen der Begründung.[85]

Auch nach den sonst uns noch vorliegenden Quellen ergibt sich der gleiche Sachverhalt. Suetonius erzählt (O. c. 9 ff.) nach dem Berichte von der Niederlage den Selbstmord Othos ausführlich, den Abfall des Heeres aber erwähnt er überhaupt gar nicht, so dass dieser Schriftsteller denselben auch nicht als Veranlassung zum Selbstmorde angenommen haben kann. Ebenso wird bei Cassius Dio (Xiphilinus) 64,11: „$\emph{ἐπεὶ δὲ οἱ τοῦ Ὄθωνος ἐκρατήθησαν, ἤγγειλε μὲν ἱππεύς τις τὸ πάθος τῷ Ὄθωνι}\ldots$" nur auf die Niederlage als Veranlassung zum Selbstmorde Othos Bezug genommen. Es hat also nach der geschichtlich beglaubigten Überlieferung überhaupt Otho den Entschluss zum Selbstmorde gefasst, ohne von dem Abfalle seines Heeres in Bedriacum Kenntnis zu haben.[86] Tacitus stellt Othos Entschluss nicht als einen durch äussere Verhältnisse mit zwingender Notwendigkeit herbeigeführten dar. Was aber bei ihm Otho 2,48 sagt: „non enim ultima desperatione, sed poscente proelium exercitu remisisse rei publicae novissimum casum", ist nach den thatsächlichen Verhältnissen durchaus berechtigt; denn Abgesandte der mösischen Legionen hatten (vgl. Tac. 2,46 und Plut. c. 15) dem Kaiser die bevorstehende Ankunft und zugleich die unwandelbare Ergebenheit dieser Legionen gemeldet. Die Festigkeit ihrer Gesinnung beweist aber das hartnäckige Widerstreben gegen die Anerkennung des Vitellius (Tac. 2,85 und Suet. Vesp. c. 6).[87] Wenn also Otho bei Tacitus seinem Gegner freiwillig den Platz räumt, so kann hierin keine Abweichung von der sonstigen historischen Überlieferung erkannt werden.[88]

II. Charakteristik einzelner Persönlichkeiten.

Mit der Darstellung der Kriegsbegebenheiten hängt vielfach die Beurteilung der handelnden Personen zusammen. Hier liegt nach Nissen (Rh. M. 26 S. 515) der Kern der Sache; die Erzählung der Quelle sei in ihren Grundzügen angetastet worden, sobald der Bearbeiter von abweichender politischer Auffassung ausgehend ein selbständiges Urteil über die handelnden Personen gefällt habe. Tacitus wolle vor allem bei den einzelnen Individuen die Motive ihrer Handlungen ermitteln, in dieser Beziehung werfe er dem Urteile seines Gewährsmannes Parteilichkeit und Schönfärberei vor, z. B. 2,101; das Streben diese vorgeblichen Mängel zu beseitigen habe bedeutende Änderungen zur Folge gehabt. Demnach ist zunächst auch bezüglich der Charakteristik der handelnden Personen der thatsächliche Sachverhalt für die Darstellung des Tacitus und Plutarch festzustellen.

Des Spurinna persönliches Verdienst tritt bei Tacitus trotz seiner knapp gehaltenen Darstellung noch klar hervor; so seine besonnene und verständige Führung (2,18 certum erat Spurinnae ..), die geschickte Behandlung der unbotmässigen Soldaten (2,19 ipse postremo Spurinna ...), auch die Bemerkung über die treue Haltung der Besatzung von Placentia 2,20 gilt von Spurinna gleichfalls. Was so Tacitus zwar nicht in breiter Ausführlichkeit vorführt, aber doch mit einigen feinen Strichen noch in seine Darstellung aufgenommen, ist bei Plutarch schon fast vollständig verwischt. Die günstige Wendung der Dinge erscheint bei ihm als das Resultat zufälliger glücklicher Umstände (O. c. 6: *ὤνησε δὲ τὰ πράγματα καὶ Σπουρίναν ἐν τῷ παραυτίκα λοιδορία περὶ Πλακεντίαν γενομένη τῶν στρατιωτῶν*); ein speziell auf Spurinna bezügliches Lob findet sich bei Plutarch überhaupt nicht, da c. 5 *ἄνδρας ἐνδόξους* von allen vier vorher genannten Führern gilt. Auch bei c. 6 *ἐκράτησαν οἱ τοῦ Σπουρίνα καὶ ... διετήρησαν ἔνδοξον πόλιν* wird die persönliche Tüchtigkeit des Spurinna nicht hervorgehoben; irgend ein neues Moment bringt Plutarch über diesen Mann nirgends bei.[89])

Othos Charakter soll nach Nissens mit aller Entschiedenheit ausgesprochener Behauptung bei Plutarch in einem viel günstigeren Lichte erscheinen als bei Tacitus. Was erweist sich nun bei einem Vergleiche beider Schriftsteller als der thatsächliche Sachverhalt? Hiebei müssen auch die Stellen ausserhalb der Kriegserzählung berücksichtigt werden, welche für die Charakteristik von Bedeutung sind; doch gestattet der Raum nicht immer den vollständigen Abdruck derselben.

In einem längeren Berichte über Othos Leben zur Zeit Neros sagt Plutarch (G. c. 19) ohne alle Einschränkung: „*ἀνὴρ γένει μὲν οὐκ ἀφανής, τρυφῇ δὲ καὶ φιληδονίαις εὐθὺς ἐκ παίδων ἐν ὀλίγοις Ῥωμαίων διεφθαρμένος*" — sicher ein eben so ungünstiges Urteil über Othos Charakter in jener Periode als bei Tacitus 1,13. Andererseits unterdrückt Tacitus das Lob, das man in Plutarchs

Worten G. c. 20: „*ἐξεπέμφϑη Λυσιτανῶν στρατηγὸς ... καὶ παρέσχεν ἑαυτὸν οὐκ ἄχαριν οὐδ' ἐπαχϑῆ τοῖς ὑπηκόοις*" finden kann, keineswegs, vgl. 1,13: „Otho comiter administrata provincia." Plutarch lässt weiterhin bei der Erzählung von Othos Verbindung mit Vinius und seinen Bemühungen um die Gunst der Soldaten seine selbstüchtigen Absichten klar hervortreten in vollkommener Übereinstimmung mit Tacitus. Was ferner Plutarch G. c. 21 von *ὁ δὲ Γάλβας—βεβαπτισμένον* über die Gründe, weshalb Galba nicht den Otho adoptierte, erzählt, ist für Otho ebenso ungünstig wie des Tacitus Urteil 1,13 credo et reipublicae—relinqueretur. Nach der Adoption des Piso erscheint Otho bei Plutarch wie bei Tacitus als der Mörder seines Kaisers Galba und zwar geleitet von Beweggründen der niedrigsten Art, vgl. G. c. 27 *τὸν δ' Ὄϑωνα τῆς κεφαλῆς—κομιζομένη* mit Tac. 1,44 nullam caedem—dicitur, ferner G. c. 28 *καὶ καϑάπερ ἄλλοι—ἐπὶ τῆς ἀγορᾶς* mit T. 1,45 und 47.

Das nämliche Verhältnis stellt sich für die Zeit nach der Erhebung Othos zum Kaiser heraus. Bei Plutarch scheinen hier einige Stellen über seine ersten Regierungshandlungen etwas günstiger zu lauten, vgl.: 1. *ὅϑεν οἱ πρῶτοι—ὥσπερ διαμειδιῶσαν* O. c. 1, 2. *ὁμοῦ δὲ Ῥωμαίους—Τιγελλῖνον* O. c. 2, 3. *οὕτω δὲ τῷ δήμῳ—ἐμνησικάκησε* O. c. 3, 4. *ταῦτα οἱ μὲν—διὰ τὸν πόλεμον* O. c. 4; dazu bei Tacitus: 1. Otho interim—reditura 1,71, 2. Par inde exsultatio—exitio 1,72, 3. adnitentibus cunctis —in incerto fuit 1,47. Wenn sich nun auch hier das relativ günstige Urteil der ersten und besonders der dritten Stelle des Plutarch bei Tacitus so uneingeschränkt nicht findet, so lässt sich dennoch hieraus nicht eine wirkliche Verschiedenheit der Beurteilung folgern; denn in der vierten Stelle, welche ein zusammenfassendes Urteil über die Beweggründe für Othos bisherige Handlungsweise enthält, sagt Plutarch im wesentlichen das nämliche wie Tacitus. In der gleichen Weise urteilt Plutarch auch nachher c. 4: „*οὐ ψευδῶς μὲν ἀνοήτως δὲ καὶ γελοίως ϑατέρου τὸν ἕτερον ἃ προσῆν ἀμφοτέροις ὀνείδη λοιδοροῦντες*", insbesondere auch c. 9: *καὶ οὐκ ἀπεικός ἐστι—προϑεμένους*. Es ist also nach Plutarchs Auffassung nicht etwa jetzt mit Othos innerem Wesen eine Umwandlung vor sich gegangen; auch nach seiner Erhebung zum Kaiser wird von ihm Otho als Mensch nicht günstiger beurteilt als von Tacitus.

Ein Beherrscher Roms musste damals, wenn man von ihm Heil für den Staat sollte hoffen können, vor allem die Kraft besitzen, die Soldaten im Zaum zu halten. Daher unterlässt es Tacitus nicht, in dieser Hinsicht anfängliche günstige Anzeichen in der Haltung Othos zu erwähnen, besonders beim Beginne des Krieges gegen Vitellius, vgl. 2, 11: „nec illi (Othoni) segne aut corruptum luxu iter, sed lorica ferrea usus est et ante signa pedes ire horridus, incomptus famaeque dissimilis"; aber dies waren eben nur vorübergehende Erscheinungen, und so ist nach Tacitus an Otho abgesehen von seiner moralischen Verworfenheit gerade seine Schwäche gegenüber der Soldateska ein charakteristischer Zug. Allein auch bei Plutarch lässt sich dieser in der gleichen Weise verfolgen. Unmittelbar nach dem Sturze Galbas wagt Otho den Soldaten, welche den Tod des Celsus fordern, nicht entschieden entgegenzutreten, G. c. 27 φοβούμενος δ'ἀντιλέγειν ... vgl. T. 1,45. In der kläglichsten Weise erscheint er bei der bekannten Prätorianerrevolte O. c. 3, z. B. in der Stelle: τότε μὲν — ἀπέπεμψεν αὐτούς. Während des Krieges gegen Vitellius tritt hierin keine Aenderung ein, vgl. z. B. bei Gelegenheit des Wechsels im Oberkommando c. 7: „ὁ δ' Ὄθων οὐχ οὕτως ἐπίστευεν αὐτοῖς (στρατιώταις), ὡς ἐβούλετο μὴ δοκεῖν ἀπιστεῖν." Wir können daher auch über Othos Befähigung unter den damaligen Verhältnissen das römische Reich zu regieren aus Plutarch kein günstigeres Urteil gewinnen als aus Tacitus.

Othos Tod feiert Tacitus nicht minder als Plutarch und lobt so rückhaltslos, was man allein an Otho loben konnte, dass er nämlich durch seinen freiwilligen Tod weiterem Blutvergiessen Einhalt gethan. Wenn dann Plutarch am Schlusse seiner Biographie sagt: „ἀπέθανε δ' Ὄθων ... ἀπολιπὼν δὲ μὴ χείρονας μηδ' ἐλάττους τῶν τὸν βίον αὐτοῦ ψεγόντων τοὺς ἐπαινοῦντας τὸν θάνατον· βιώσας γὰρ οὐδὲν ἐπιεικέστερον Νέρωνος ἀπέθανεν εὐγενέστερον", so lautet sein eigenes Urteil über Othos Leben offenbar verwerfend.

Vergleicht man damit Stellen wie Tac. 2,31: „Sane ante utriusque exitum, quo egregiam Otho famam, Vitellius flagitiosissimam meruere, minus Vitellii ignavae voluptates quam Othonis flagrantissimae libidines timebantur" und 2, 50: „duobus facinoribus, altero flagitiosissimo, altero egregio, tantundem apud posteros meruit bonae famae quantum malae", so zeigt sich bei den zwei Schriftstellern in der Gesamtbeurteilung dieses Charakters statt einer Verschiedenheit doch offenbar die vollkommenste Uebereinstimmung.[90])

Paulinus, Celsus und Gallus sind nach beiden Schriftstellern die hervorragendsten Heerführer Othos. Es herrscht unter ihnen vollkommenes Einvernehmen (vgl. Tac. 2, 23. 32. 33. 39. 40. Pl. O. c 8. 11. 13)[91]), dagegen geraten sie in ein feindseliges Verhältnis zu Titianus und Proculus. Ganz übereinstimmend ist die Beurteilung des Paulinus nach dem Treffen bei Castores; vgl. 2,25: cunctator natura et cui cauta potius consilia cum ratione quam prospera ex casu placerent — c. 7: αἰτίαν ἔσχεν ἐνδεέστερον τῆς δόξης στρατηγῆσαι δι᾽ εὐλάβειαν; 2,26: .... in volgus adverso' rumore fuit — c. 7: οἱ δὲ πολλοὶ τῶν στρατιωτῶν καὶ προδοσίαν ἐνεκάλουν αὐτῷ .... Dass diese drei Männer während der ersten Zeit des Krieges absichtlich gegen Othos Interessen gehandelt hätten, lässt sich nicht als die Anschauung unserer beiden Schriftsteller aus ihrer Erzählung entnehmen.

Anders erscheint die Haltung der Führer nach dem letzten Kriegsrate und besonders nach jenem verderblichen Marsche, den Titianus und Proculus trotz aller Gegenvorstellungen ausführten. Nach Andeutungen in der Schilderung der Entscheidungsschlacht wie: apud Othonianos pavidi duces 2,41, ducibus Othonis iam pridem profugis 2,43 wollten sich offenbar diese Männer für die an sich schlechte Sache Othos, da sie nun auch in so schlechter Weise geführt wurde, nicht nutzlos opfern; auch bei Plutarch wird nichts von einer aufopfernden Thätigkeit der Feldherrn während der Schlacht berichtet, und es stimmt z. B. c. 13: „τῶν δὲ στρατηγῶν οὔτε Πρόκλος οὔτε Παυλῖνος συνεισελθεῖν ἐτόλμησαν, ἀλλ᾽ ἐξέκλιναν φοβούμενοι τοὺς στρατιώτας" vollkommen überein mit T. 2,44: „Suetonius Paulinus et Licinius Proculus diversis itineribus castra vitavere." Nach der Schlacht nimmt beiden Berichten zufolge Gallus die Fliehenden in Bedriacum auf und sucht ihre Aufregung zu beschwichtigen. Sehr bemerkenswert sind hiebei die letzten Worte seiner Rede bei Tacitus 2,44: „sive finis bello venisset seu resumere arma mallent, unicum victis in consensu levamentum"; wenn hier Othos Feldherr aus eigenem Antriebe den Truppen in erster Linie von der Möglichkeit spricht, den Kampf für Otho aufzugeben, jedenfalls aber die Fortsetzung desselben ihrem Belieben anheimstellt, so wird doch sicherlich in der taciteischen Darstellung die damalige Gesinnung der Feldherrn nicht verschwiegen, zumal da sie durch den Gegensatz der unmittelbar nachher geschilderten Stimmung der Prätorianer noch schärfer hervorgehoben wird.

Hierauf erzählen beide Schriftsteller den Uebertritt des geschlagenen Heeres und zwar in den Hauptthatsachen übereinstimmend: Es besteht im allgemeinen keine nachhaltige Neigung mehr für Otho noch weiterhin zu kämpfen, daher geht eine Friedensgesandtschaft an die Vitellianer ab, und diese nehmen den Antrag an; beide Heere vereinigen sich zu Bedriacum.[92]) Aber während Tacitus hier, ohne auf den besonderen Anteil einzelner Personen an diesen Vorgängen einzugehen, in gedrängter Fassung nur die Hauptergebnisse erzählt, bietet Plutarch c. 13 einen viel mehr ins Einzelne eingehenden Bericht, und dabei spielt Celsus die Hauptrolle. Celsus überzeugt in einer von ihm veranlassten Versammlung die Führer von der Notwendigkeit unter den jetzigen Umständen mit Vitellius Frieden zu machen; auch die Stimmung der Truppen ist für den Frieden. Daher ordnet Titianus eine Gesandtschaft an die Vitellianer ab, diese übernehmen Celsus und Gallus. Auf dem Wege treffen sie vitellianische Centurionen, welche ihrerseits Friedensanträge an die Othonianer in Bedriacum überbringen sollen und nun mit Celsus und Gallus wieder zurückgehen. Die Gesandten finden nach einem kurzen Zwischenfalle freundliche Aufnahme bei den Vitellianern, und diese kommen mit ihnen nach Bedriacum; hier macht inzwischen Titianus in einer Anwandlung von Reue einen Versuch die Truppen zu neuem Widerstande zu bewegen, aber ohne Erfolg, und so vollzieht sich die Vereinigung beider Heere.

Wir haben keinen Grund diese Erzählung Plutarchs hinsichtlich ihrer Wahrscheinlichkeit und Beglaubigung in Zweifel zu ziehen; denn da auch nach der Darstellung des Tacitus nur Celsus, Gallus und Titianus von den Oberanführern damals in Bedriacum anwesend sind, so können bei ihm gleichfalls nur diese als die Leiter der ganzen Sache vorausgesetzt werden, zumal da alles, was Tacitus über die Haltung der Feldherrn während der Schlacht und ihre Gesinnung nach derselben berichtet, eine solche Handlungsweise erwarten lässt, nicht aber irgend einen Widerstand gegen ein derartiges Abkommen. Dass Titianus als der Bruder des Kaisers dabei nicht die Initiative ergreift, ist ebenfalls sehr natürlich und wahrscheinlich, so dass es mit allen uns bekannten Verhältnissen im Einklang steht, wenn dem Celsus und Gallus der Hauptanteil zufällt. Wenn dann bei Plutarch noch speziell Celsus als der Hauptwortführer auftritt, so können wir auch dagegen keinen gegründeten Einwand erheben, es stimmt dies vielmehr vollkommen überein mit der auffallend günstigen Behandlung, welche dem Celsus nach Tac. 2,60 später von Vitellius zu teil wird. Gerade in diesem speziellen Berichte des Plutarch über die Thätigkeit des Celsus bei der Kapitulation des Heeres erkennen wir die charakteristische Eigentümlichkeit der plutarchischen Erzählung im Gegensatze zu der taciteischen. Das hier zu grunde liegende Verhältnis wird klar werden, wenn wir die Darstellung der Persönlichkeit des Celsus bei Tacitus und Plutarch im Zusammenhange betrachten.

Tacitus, dessen Urteil über die handelnden Personen oft so hart erscheint, spricht von Celsus nie in tadelnder Weise, sondern zeichnet ihn im Gegenteile ganz auffallend aus, so besonders 1,71 bei der Schilderung der Versöhnungsszene zwischen Otho und Celsus nach der Ermordung Galbas, wo er die Treue und die unerschütterliche Charakterfestigkeit des Celsus in glänzender Weise feiert. Eine solche Auszeichnung der Person des Celsus wird noch bemerkenswerter durch den späteren Bericht des Tacitus über einen ähnlichen Vorgang vor Vitellius 2,60, wo es sich um die Begnadigung der Feldherrn Othos durch Vitellius handelt und ein Mann mit der ruhmvollen Vergangenheit eines Paulinus eine überaus herbe Beurteilung erfährt (vgl. necessariis magis defensionibus quam honestis).

Diese Verschiedenheit in der Beurteilung der handelnden Personen kann den Leser um so eher befremden, als 1,71 die Worte: „mansitque Celso velut fataliter etiam pro Othone fides integra et infelix" mit den Thatsachen nicht übereinzustimmen scheinen. Während nämlich Celsus wohl seinem Kaiser Galba unverbrüchliche Treue wirklich bewiesen, da er z. B. die illyrischen Truppen in Rom unter eigener Gefahr in der Treue für Galba zu erhalten gesucht (T. 1,31), dann nach dem Misslingen dieses Versuches wieder zu Galba zurückgekehrt (1,39), also in der That bis zum letzten Augenblicke seinen Kaiser nicht verlassen hatte, lesen wir später nichts davon, dass Celsus in der Entscheidungsschlacht mehr als die anderen Feldherrn seine Person für Othos Sache eingesetzt oder dass er in Bedriacum sich etwa bemüht hätte, die Truppen zu neuem Kampfe für Otho zu ermutigen.

Unter solchen Umständen wird eine Abweichung in der Darstellung Plutarchs überaus bemerkenswert, welche wir bezüglich der Person des Celsus gleich am Anfange seiner Biographie finden und dann weiterhin verfolgen können. Ueber die erwähnte Versöhnungsszene zwischen Otho und Celsus berichtet nämlich Plutarch O. c. 1. Während sich nun hier im allgemeinen eine unverkennbare Aehnlichkeit mit Tacitus h. 1,71 zeigt, indem z. B. beide Darstellungen auch von der Aufnahme sprechen, welche dieses Verfahren des Kaisers fand, und beide dabei noch speziell der Stimmung unter den Truppen gedenken, fehlt bei Plutarch gerade das auszeichnende Urteil des Tacitus über die Treue des Celsus auch dem Otho gegenüber (mansitque Celso velut fataliter etiam pro Othone fides integra et infelix).[93])

Später erzählen nach dem letzten Kriegsrate Othos beide Schriftsteller, es hätte sich nach mehreren Berichten über jene Zeit schon vor der Entscheidungsschlacht beim Heere der Wunsch geltend gemacht, ein weiteres Blutvergiessen für Kaiser wie Vitellius und Otho zu vermeiden, und deshalb hätten die othonianischen Feldherrn einen Aufschub des Kampfes herbeizuführen gesucht. Aber während Tacitus 2,37 von den othonianischen Feldherrn im allgemeinen spricht (atque eo duces Othonianos spatium ac moras suasisse) und noch hinzufügt, besonders Paulinus habe dabei nach der Meinung dieser Berichte wegen seines glänzenden Namens

Hoffnung auf den Tron gehabt, nennt Plutarch c. 9 gerade den Celsus als den Mann, der jenen Berichten zufolge schon damals in solcher Weise gegen Otho gewirkt hätte (ταῦτ' οὖν ὑπονοοῦσι τούς τε περὶ τὸν Κέλσον αἰσθανομένους ἐμβαλεῖν διατριβήν· ἐλπίζοντας ἄνευ μάχης καὶ πόνων κριθήσεσθαι τὰ πράγματα).

Bei der Kapitulation des Heeres endlich tritt in der plutarchischen Erzählung, wie wir schon gesehen, wieder Celsus speziell als derjenige hervor, der vor allem gegen Otho wirkt, während Tacitus den speziellen Anteil der einzelnen Feldherrn an diesen Vorgängen nicht schildert.

Nach all' diesem muss man bezüglich des Celsus eine durchgreifende Verschiedenheit in der Auffassung und Darstellung beider Schriftsteller konstatieren: Tacitus spendet ihm ausdrücklich das Lob, dass er auch dem Otho gegenüber die Treue nicht verletzt habe; dieses Lob erteilt Plutarch dem Celsus nicht.

Die Auffassung des Tacitus ist aber nach den Grundsätzen, nach denen er überhaupt in ähnlichen Fällen urteilt, vollkommen gerechtfertigt. Nach den h. 3,86 gegen Cäcina und Bassus gerichteten Worten: „rei publicae haud dubie intererat Vitellium vinci, sed imputare perfidiam non possunt, qui Vitellium Vespasiano prodidere, cum a Galba descivissent" ist für Tacitus in dieser Beziehung eine zweifache Rücksicht massgebend: einmal welche Handlungsweise in dem gegebenen Falle das Staatsinteresse erfordert, ferner ob sich der einzelne bei seinem Thun wirklich von dem Gedanken an das Wohl der Gesamtheit leiten lässt und nicht vielmehr von selbstsüchtigen Absichten.

In unserem Falle nun konnten nach den ersten Anfängen der Regierung Othos auch redliche Männer trotz seiner Vergangenheit der Ueberzeugung sein, es sei zum Besten der Gesamtheit, wenn man Othos Herrschaft nicht bekämpfe, damit wenigstens wieder ruhigere und gesichertere Zustände im Staatswesen geschaffen würden und nicht ohne Unterlass eine Umwälzung auf die andere folge. So finden wir anfangs Celsus im Dienste Othos mit redlichem Willen thätig (vgl. T. 1,71 inter intimos amicos habuit, 1,90 ... in consiliis militiae Suetonio Paulino et Mario Celso uti credebatur; in dem Gefechte bei Castores thut er nach dem übereinstimmenden Berichte des Tacitus und Plutarch das Beste). Aber Othos schwächliche Kriegsleitung und seine Unfähigkeit, die zügellose Willkür der Soldaten niederzuhalten, in Folge deren fortwährend dem gesamten Staatswesen Unheil von der Soldateska drohte, bewiesen im Verlaufe des Krieges, dass von Otho für den Staat unter keinen Umständen Heil zu erwarten sei; selbst von Vitellius musste man nach den damaligen Verhältnissen Besseres für den Staat hoffen als von Otho, vgl. 2,31: „minus Vitellii ignavae voluptates quam Othonis flagrantissimae libidines timebantur . . . . Vitellius ventre et gula sibi inhonestus, Otho luxu, saevitia, audacia rei publicae exitiosior ducebatur." Wenn nun Celsus unter solchen Umständen seine Kräfte nicht ferner für Otho einsetzt, sondern weiteres Blutvergiessen zu verhindern sucht, so thut er damit nur, was das Interesse der Gesamtheit verlangt. Dass aber ihn wirklich die Rücksicht auf das allgemeine Wohl leitete und nicht Selbstsucht, dafür bürgt seine Vergangenheit; er hatte, als es im Interesse des Staates lag das Regiment des Galba aufrecht zu erhalten, mit aufopfernder Treue unter persönlicher Gefahr an Galba festgehalten und nach dem Sturze Galbas bei seinem ersten Auftreten dem Otho gegenüber sich als ein Mann von der edelsten Charakterfestigkeit, ja von wirklich grossartiger Gesinnung bewährt (Tac. 1,71 Plut. O. c. 1). Daher hat Celsus auch jetzt nur gehandelt, wie es bei der nun bestehenden Lage gegenüber einem Kaiser wie Otho die Rücksicht auf das Beste des Staates gebot, nicht aber die schuldige Treue verletzt, und so beurteilt Tacitus nach seinen Grundsätzen in jenen Worten 1,71: „etiam pro Othone fides integra" die Handlungsweise des Celsus durchaus richtig und konsequent.[94]) Auch wenn er die von Plutarch c. 13 berichteten Einzelheiten gleichfalls erzählt hätte, wäre dadurch nicht eine Aenderung seiner Charakteristik des Celsus bedingt worden; denn das Wesentliche, der Abfall des Heeres und der Führer, wurde von ihm nicht übergangen.

III. Ueber das Verhältnis der beiden Darstellungen zu einander.

Schon in den vorhergehenden Abschnitten mussten bei der Erklärung einzelner Stellen auch die Folgerungen berücksichtigt werden, welche aus denselben hinsichtlich des Verhältnisses beider Schriftsteller zu einander von verschiedenen Seiten bereits gezogen wurden; daher ist hier in dieser Beziehung nur eine kurze Zusammenstellung der wichtigsten früher meist in den Anmerkungen behandelten Punkte nötig.

Es erweisen sich nämlich manche auf den hier erörterten Abschnitt der beiden Schriften begründete Behauptungen als unhaltbar, indem man mit Unrecht Abweichungen zwischen Tacitus und Plutarch bezüglich der von ihnen überlieferten Thatsachen annahm oder Eigentümlichkeiten der Darstellung und Verschiedenheiten des Inhaltes nicht beachtete oder nicht richtig beurteilte. Diese Fälle betreffen:

Die Nachrichten über Cremona (A. 32); die Abwesenheit des Otho bei den Kriegsereignissen auf dem nördlichen Poufer (A. 50);

den wirklichen Vollzug des Wechsels im Oberkommando (A. 54); den Kriegsrat in Bedriacum (A. 56); den Beginn des Gefechtes der Gladiatoren um die Flussinsel (A. 58); die Länge des letzten Marsches vor der Entscheidungsschlacht (A. 71); den Versuch der Gladiatoren in die Hauptschlacht einzugreifen (A. 75—78); den Selbstmord des Otho in Brixellum in seinem Verhältnisse zum Abfall des Heeres in Bedriacum (A. 84—85); den Abfall des Heeres in Bedriacum (A. 92); die Beurteilung des Otho (A. 90); — den Ausmarsch der othonischen Feldherrn und ihre Stellung zu einander (A. 11); die Vorgänge bei den Truppen des Spurinna (A. 42); die Berufung des Titianus (S. 26); das Gefecht bei Castores (A. 55); den Versuch der Gladiatoren die Brücke bei Cremona in Brand zu stecken (A. 59—61); die Entfernung des Lagers von Bedriacum (A. 72); die Weigerung des Paulinus bezüglich des von Titianus angeordneten Marsches (S. 34); das Eingreifen des Varus Alfenus in die Hauptschlacht (A. 78); die Haltung der Prätorianer bei der Entscheidungsschlacht (A. 81); das Lager zu Bedriacum (A. 82 und 83); die Charakteristik des Spurinna (A. 89); den Tod des Otho (A. 90 a. E.); die Versöhnungsszene zwischen Otho und Celsus (A. 93); die Thätigkeit des Celsus (S. 45 und A. 94).

Manche dieser Stellen wurden als Ausgangspunkt für sehr weitgehende Folgerungen bezüglich des Charakters beider Darstellungen benützt, vgl. z. B. A. 56, 81, 85, 88, 90; bei anderen begegnen wir noch ganz entgegengesetzten Auffassungen hinsichtlich ihres Inhaltes, s. z. B. A. 50, 61, 77.

Um nun schliesslich noch darzulegen, ob sich aus unseren Erörterungen Anhaltspunkte zur Bestimmung des Verhältnisses zwischen den beiden Schriftstellern ergeben, so drängt sich vor allem bei den S. 44 ff. besprochenen Stellen über Celsus eine charakteristische Wahrnehmung auf.

Die grosse Ähnlichkeit der Erzählung des Tacitus und Plutarch von der Versöhnung Othos mit Celsus (s. S. 46) auch in formeller Beziehung wurde vielfach hervorgehoben, vgl. z. B. Mommsen H. 4 S. 313. Dabei ist es nun, schon wenn man diese Stellen für sich allein betrachtet, höchst unwahrscheinlich, dass es Zufall sei, wenn bei Plutarch gerade die ausdrückliche Anerkennung der Treue des Celsus gegen Otho fehlt. Bemerkt man dann später, dass bei der Erwähnung jener Berichte, welche von den gegen Otho gerichteten Bestrebungen unmittelbar vor der Entscheidungsschlacht erzählen, bei grosser Ähnlichkeit beider Darstellungen im übrigen wieder Plutarch allein gerade den Celsus als hiebei beteiligt namentlich anführt, so kann man ein zufälliges Zusammentreffen dieser beiden Umstände kaum mehr für möglich halten. Wenn aber endlich bei dem Abfall des Heeres nach der letzten Schlacht wieder Plutarch allein c. 13 des Celsus bei Vorgängen gedenkt, welche auf den ersten Blick mit jenem Urteile des Tacitus im Widerspruch zu stehen scheinen, so muss die Annahme eines Zufalles bei solcher Sachlage als absolut ausgeschlossen gelten; denn hier liegt offenbar ein konsequentes Verfahren vor. Da also die Erzählung des Griechen formell eine auffallende Ähnlichkeit mit der des Tacitus aufweist und zugleich die eben charakterisierte Art von inhaltlicher Abweichung nicht zufällig bei selbständigem Gebrauch der nämlichen Quelle entstanden sein kann, so bleibt nur die Benützung des Tacitus durch Plutarch übrig, um einerseits die Uebereinstimmung, andererseits die Abweichung und die dabei wahrnehmbare Konsequenz zu erklären. So muss dies als ein Fall betrachtet werden, bei dem die Möglichkeit, das uns vorliegende Verhältnis aus der Benützung einer gemeinschaftlichen Quelle zu erklären, ausgeschlossen ist.

Eine ähnliche Konsequenz in der Verschiedenheit der Darstellung finden wir bezüglich des Wechsels im Oberkommando. Plutarch, der sich in seiner biographischen Erzählung bei den eigentlichen Kriegsereignissen kürzer fasste, überging den Kampf der Gladiatoren unter Marcius Macer, als dessen Folge Tacitus 2,23 die Berufung des Titianus von Rom und die Uebertragung des Oberkommandos an ihn erzählt (igitur Titianum fratrem accitum bello praeposuit); daher spricht er c. 7 von der Berufung des Titianus überhaupt nicht mehr, sondern berichtet nur den faktischen Eintritt dieses Wechsels im Oberkommando nach dem Treffen bei Castores, wo wir ihn auch bei Tacitus erst thatsächlich vollzogen sehen (c. 7: ἔπεμψεν οὖν Τιτιανὸν ἐπὶ τὰ στρατεύματα τὸν ἀδελφόν . . .), und bringt ihn dann in Beziehung zu den Vorgängen bei diesem Gefechte, welche allerdings gleichfalls die schon vorher beschlossene Massregel als notwendig erscheinen liessen. Es hängt also hier die Änderung der Darstellung bei einer späteren Stelle gleichfalls mit einer solchen bei einer frühern zusammen.

Einige Stellen Plutarchs haben in anderer Weise eine direkte Bezugnahme desselben auf die taciteische Erzählung zur notwendigen Voraussetzung. Tacitus hebt 2,44 das auffallend arge Gemetzel bei der Entscheidungsschlacht hervor (obstructae strage corporum viae, quo plus caedis fuit) und fügt als genügende Erklärung hiefür bei: neque enim civilibus bellis capti in praedam vertuntur. Wenn nun Plutarch c. 14 nach den persönlichen Mitteilungen des Mestrius Florus, mit dem er selbst später das Schlachtfeld besuchte, gleichfalls von der auffallenden Menge der Getöteten erzählt (ἐμοὶ δ' ὕστερον—ἅπτεσθαι τῶν ἀετῶν), dann aber die von Tacitus gegebene Erklärung ausdrücklich ablehnt und zwar in Worten, die unverkennbar auf die taciteische Erzählung hinweisen (θνήσκειν μὲν γὰρ παρὰ τοὺς ἐμφυλίους πολέμους, ὅταν τροπὴ γένηται πλείονας εἰκός ἐστι τῷ μηδένα ζωγρεῖν (χρῆσθαι γὰρ οὐκ ἔστι τοῖς ἁλισκομένοις), ἡ δ᾽ ἐπὶ τοσοῦτο σωρεία καὶ συμφόρησις οὐκ ἔχει τὴν αἰτίαν εὐσυλλόγιστον), so lässt sich ein solches Verhältnis nicht auf einen Zufall, sondern nur darauf zurückführen, dass dem Plutarch die Erzählung des Tacitus vorlag, um so mehr als Plutarch hier nach einer mündlichen Quelle diese Berichtigung gibt und sich zugleich in seiner Ausdrucksweise bei dem, was er berichtigt, so eng an die des Tacitus anschliesst.⁹⁵)

Eine ähnliche Sachlage ergibt sich, wenn man untersucht, was denn eigentlich jeder der beiden Schriftsteller hinsichtlich jener Berichte über die Abneigung der Truppen und Führer gegen die längere Fortsetzung des Krieges und die Rückwirkung einer solchen Stimmung auf die Entschliessungen Othos als seine eigene Ansicht hinstellt.

Tacitus gibt 2,37—38 zu, dass einige wenige wohl einen friedlichen Ausgleich wünschen mochten, er stellt aber in Abrede, dass Paulinus und überhaupt ein Mann, der die wirklichen Verhältnisse kannte, bei einer derartigen Entfesselung der wildesten Leidenschaften, wie sie damals herrschte, dies ohne einen vorausgehenden Kampf habe für möglich halten können. Indem er dann seine Anschauung in die Worte zusammenfasst: „non discessere ab armis in Pharsalia ac Philippis civium legiones, nedum Othonis ac Vitellii exercitus sponte posituri bellum fuerint", erklärt er sich ohne Zweifel dagegen, dass schon damals das Verlangen nach friedlicher Beilegung des Kampfes in so entscheidender Weise den Gang des Krieges beeinflusst habe.

Plutarch bespricht c. 9 die Gründe, welche den Otho zur Beschleunigung des Entscheidungskampfes wohl veranlasst haben mögen, und hält dabei folgenden Gedankengang ein: „Man gibt verschiedene Gründe an. Offenbar drängten die Prätorianer zu einer Schlacht; ferner scheint auch dem Otho selbst bei seinem Mangel an Willenskraft eine längere Ungewissheit unerträglich gewesen zu sein und er deshalb keinen Aufschub mehr geduldet zu haben. Dies erzählte sein Geheimsekretär Sekundus; von anderen aber konnte man hören, dass sich damals vielfach unter den Truppen das Verlangen nach einem friedlichen Abkommen zeigte. Und es ist nicht unwahrscheinlich, dass sich bei dem Charakter des Otho und des Vitellius den Gutgesinnten und Tüchtigen unter den Soldaten solche Gedanken aufdrängten. Dies nun nahmen, so vermutet man, Celsus und seine Freunde wahr und suchten deshalb einen Aufschub des Entscheidungskampfes herbeizuführen, während Otho eben aus Furcht hievor denselben beschleunigte."

Plutarch selbst entscheidet sich hier offenbar dafür, dass Otho aller Wahrscheinlichkeit nach durch jene Stimmung im Heere zur Beschleunigung des Kampfes veranlasst wurde, und verhält sich also gegen die taciteische Auffassung ablehnend.[96]) Weil sich nun Plutarch bei seiner abweichenden Darstellung in formeller Hinsicht wieder eng an Tacitus auschliesst (vgl. καὶ οὐκ ἀπεικὸς u. s. w.), ferner auch das, was er über Celsus und seine Freunde hinzufügt, eine Entgegnung auf eine ganz speziell von Tacitus selbst aufgestellte Ansicht (vgl. 2,37: ita neque ... reor ......) in sich schliesst, so ist auch das hier vorliegende Verhältnis nur erklärlich, wenn Plutarch die Erzählung des Tacitus kannte, nicht aber kann man ein zufälliges Zusammentreffen solcher Umstände annehmen.[97])

Sehr beachtenswert sind noch andere Eigentümlichkeiten der Darstellung. Bei Tacitus sind 2,23 die drei Feldherrn Gallus, Paulinus und Celsus mit einander auf dem Kriegsschauplatze thätig, unmittelbar nachher aber spricht er 2,24—26 bei dem Treffen ad Castores nur von Paulinus und Celsus, ohne uns irgendwie darüber aufzuklären, warum Gallus bei diesem Kampfe nicht beteiligt ist. Dagegen wird bei dem Kriegsrate in Bedriacum der Grund für die Abwesenheit des Gallus während dieser Beratung ausdrücklich angegeben (2,33: idem placere Annio Gallio paucos ante dies lapsu equi adflicto missi qui consilium eius sciscitarentur rettulerant); bei der Entscheidungsschlacht fehlt Gallus wieder, ohne dass der Schriftsteller hierüber etwas bemerkt, während wir ihn unmittelbar nach dem Kampfe noch am Tage der Schlacht selbst 2,44 zu Bedriacum in energischer Thätigkeit finden, um unter den hier sich sammelnden Flüchtigen wieder Ordnung zu schaffen (dispositis iam excubiis compressisque militibus, quos Annius Gallus consiliis precibus auctoritate flexerat ....). Dieses jedenfalls nicht gewöhnliche und regelrechte Verfahren des Schriftstellers, der für die Abwesenheit des Gallus wohl bei einem Vorgange ausdrücklich einen Grund angibt, nicht aber bei anderen, wo der Leser nicht minder eine Aufklärung erwartet, lässt sich ebenso bei Plutarch c. 7—13 verfolgen, welcher gleichfalls nur beim Kriegsrat c. 8 berichtet: Ἄννιος δὲ Γάλλος οὐ παρῆν μέν, ἀλλ' ἐθεραπεύετο πεπτωκὼς ἀφ' ἵππου ...[98])

Ein Beispiel der knappen Darstellungsweise des Tacitus fanden wir 2,23, wo sich die Thatsache der Besetzung Cremonas durch Cäcina schon aus der Verbindung der im Vorder- und Nachsatze enthaltenen Begebenheiten in eine Periode ergibt und der Schriftsteller deshalb die Einnahme dieser Stadt von Seiten der Vitellianer nicht mehr mit ausdrücklichen Worten erwähnt (s. S. 18). Plutarch erzählt nun c. 7 in ganz ähnlicher Weise und unterlässt die ausdrückliche Erwähnung der Besetzung Cremonas ebenfalls; dabei ist aber höchst charakteristisch, dass seine Darstellung durch ihre Knappheit in der That schief wird, indem man bei ihm ἐκεῖ auf das vorhergehende τοὺς ἐν Κρεμώνῃ beziehen müsste, woraus die Besetzung Cremonas durch Gallus folgen würde. Dass in diesen Fällen schon die Erzählung der ausführlicheren Quelle so gedrängt gewesen, entbehrt aller Wahrscheinlichkeit, ebenso dass die Darstellung Plutarchs so oft durch Zufall eine der taciteischen gerade hinsichtlich derartiger Eigentümlichkeiten ganz ähnliche Gestaltung angenommen; vgl. auch S. 38 ff. über das Lager zu Bedriacum und den Ort, wohin die Othonianer nach der Entscheidungsschlacht flohen.

Plutarchs Darstellung der eigentlichen Kriegsbegebenheiten ist durch starke Kürzung vielfach schief geworden, so bezüglich der Feldherrn Othos (s. S. 14), der Charakteristik der othonianischen Truppen (s. S. 15), der Vorgänge in Placentia (s. S. 15 u. 16.), des Gefechtes bei Castores (s. S. 27), der Forderung des Paulinus gegenüber dem Titianus (s. S. 34). Dies erklärt sich, wenn Plutarch nach einem an sich schon sehr knapp gehaltenen Berichte erzählte, der wegen seiner Gedrängtheit bei einem solchen Verfahren die grösste Achtsamkeit erforderte, nicht aber wenn er eine ausführlichere und deshalb in diesen Dingen klarere gemeinschaftliche Quelle benützte. Nun weisen aber abgesehen von der schon vielfach dargelegten Ähnlichkeit der beiden Erzählungen im allgemeinen (vgl. die Schriften von Hirzel, Clason, Mommsen) ganz eigentümliche formelle Besonderheiten wieder auf Tacitus hin. Tacitus nennt 1,87 die drei Oberfeldherrn: „peditum equitumque copiis Suetonius Paulinus, Marius Celsus, Annius Gallus rectores destinati"; 2,11, wo er wieder von den Truppen und Führern spricht, führt er den Gallus in engerer Verbindung mit Spurinna an: „.... Annius Gallus cum Vestricio Spurinna ad occupandas Padi ripas praemissus", und aus seiner Darstellung kann man auch noch den Grund hievon erkennen (s. S. 12). Plutarch nennt nun c. 5 diese vier Befehlshaber alle mit einander, dabei gleichfalls den Gallus und Spurinna in engerer Verbindung und von den andern durch die Art der Anführung geschieden, aber aus seiner Erzählung lässt sich der Grund hievon nicht mehr erkennen: „ἐξέπεμψε Μόριόν τε Κέλσον καὶ Σουητώνιον Παυλῖνον ἔτι τε Γάλλον καὶ Σπορίναν." Wie ferner Tacitus bei den Kämpfen der Vitellianer gegen die Gladiatoren die vitellianischen Abteilungen 2,35 als Germani, dagegen 2,43 als Batavi bezeichnet, ganz genau so Plutarch an den entsprechenden Stellen (c. 10 Γερμανοί, c. 12

Βατάβους); wie Tacitus erst 2,43 für die auch schon früher wiederholt genannte legio prima den Beinamen Adiutrix und dabei zugleich für die ihr gegenüber stehende den Beinamen Rapax anführt, ganz genau so Plutarch an der entsprechenden Stelle c. 12: ἐπίκλησιν ἡ μὲν Οὐιτελλίου Ἅρπαξ ἡ δ' Ὄθωνος Βοηθός. Dass derartige Dinge bei selbständiger Auswahl zweier Schriftsteller aus der gleichen ausführlicheren Quelle in solch' konsequenter Weise vorkommen sollten, ist doch durchaus unwahrscheinlich.

Kriegsbegebenheiten, bezüglich deren man bei Tacitus einen klareren Bericht wünschen möchte, erzählt auch Plutarch nicht deutlicher und anschaulicher, z. B. die Thätigkeit des Varus Alfenus während der Entscheidungsschlacht, im Gegenteile hat er hier gerade die Hauptsache übersehen (s. S. 35 ff.). In manchen Punkten zeigen sich Übertreibungen, vgl. z. B. die Charakteristik der vitellianischen Truppen c. 12 und der othonianischen c. 6, die Folgen des am Beginn der letzten Schlacht entstandenen Gerüchtes und die Haltung der Prätorianer (s. S. 37 ff.), die massvollere Darstellung vom Tode Othos bei Tacitus (s. A. 90 a. E.). Was bei Tacitus am rechten Orte und in richtigem Zusamenhange vorkommt, findet sich bei Plutarch an ungehöriger Stelle, vgl. S. 15 u. A. 42 über οὗτοι δὲ μαλακοί ... in c. 5, ferner A. 92 über die Worte des Gallus Plut. c. 13 und der Prätorianer Tac. 2,44. Momente, die Tacitus noch mit einigen feinen Strichen in seine Darstellung aufgenommen, sind bei Plutarch völlig verwischt, vgl. z. B. die Charakteristik des Spurinna (S. 41) oder das den Titianus und Proculus täuschende Verhalten der Vitellianer S. 33; den Reiterangriff beim Beginn der Entscheidungsschlacht erzählt Plutarch c. 11a. E. wie Tacitus 2,41, aber den für die Othonianer günstigen Erfolg berichtet er nicht mehr; c. 6 ist bei Plutarch die zweitägige Dauer des Sturmes auf Placentia nicht mehr zu erkennen.

So erscheint die Kriegserzählung Plutarchs einer etwaigen ursprünglichen Quelle gegenüber durchgehends nicht auf gleicher Linie mit der taciteischen, sondern von einer solchen bereits in höherem Grade entfernt und zwar nicht blos quantitativ sondern auch qualitativ.

Beglaubigte Nachrichten, welche wir innerhalb der eigentlichen Kriegserzählung als dem Plutarch eigentümliche bezeichnen können, sind: 1. Brixellum wird ausdrücklich als der Ort angegeben, wo Otho zurückbleibt c. 5. 2. das Zeugnis des Geheimsekretärs Sekundus über Othos Aufregung vor der Entscheidungsschlacht, ferner die Mitteilungen über des Celsus und seiner Freunde Pläne c. 9. 3. Der Versuch der Gladiatoren die Brücke von ihren Schiffen aus in Brand zu stecken c. 10. 4. Die Enfernungsangaben c. 11. 5. Die Details über die Vorgänge bei dem Abfall des Heeres in Bedriacum c. 13. 6. Die Mitteilungen des Mestrius Florus c. 14. Wenn nun Plutarch in dieser Biographie mündliche Mitteilungen, die er erhalten (c. 14 Mestrius Florus), oder eigene Anschauung bei dem Besuch des Schauplatzes jener Begebenheiten (c. 14 und 18) bei einzelnen Fällen ausdrücklich als seine Quelle bezeichnet, so darf man hieraus nicht den Schluss ziehen, seine Darstellung beruhe sonst nirgends auf solcher Quelle. Da er nämlich nach c. 14 in Begleitung des ihm befreundeten Konsularen Mestrius Florus, der selbst unter den Othonianern an jenen Ereignissen teil genommen, das Schlachtfeld bei Bedriacum besuchte, so ist doch die Annahme, Plutarch und Florus hätten sich bei ihren Gesprächen über die damaligen Begebenheiten auf jenen einzigen c. 14 erwähnten Punkt beschränkt, vollkommen unwahrscheinlich.[99]) Wenn ferner Plutarch c. 18 erzählt, er sei auch nach Brixellum gekommen und habe dort das bescheidene Grabmal Othos gesehen, so ist es wieder unglaublich, dass nur diese Notiz in seiner Erzählung das Resultat persönlicher Anschauung oder mündlicher Mitteilung sein solle, die sich doch bei einer solchen Reise vielfach ungesucht darbietet; z. B. kann jene bestimmtere Nachricht Plutarchs c. 5 über Othos Zurückbleiben in Brixellum (vgl. S. 25) in ganz natürlicher Weise als etwas betrachtet werden, was er selbst bei seinem Aufenthalt in Brixellum erfuhr. Ebenso musste ihm für seine Entfernungsangaben c. 11 die bei jener Gelegenheit gewonnene eigene Kenntnis zu gebote stehen.

Da also Plutarchs Erzählung über seinen Verkehr mit einem Augenzeugen jener Vorgänge zu der Voraussetzung zwingt, dass der c. 14 erwähnte Vorfall nicht ausschliesslich der Gegenstand solcher Gespräche war, so frägt es sich, ob wir irgendwo noch Anhaltspunkte für das Vorhandensein solcher aus mündlicher Quelle stammender Berichte finden. Bei jenem Exkurse c. 9 über die Gründe für Othos Uebereilung beziehen sich nun folgende Wendungen auf Plutarchs Quellen: αἰτίαι δὲ πλείορες ἄλλαι ὑπ᾽ ἄλλων λέγονται — καὶ τοῦτο μὲν διηγεῖτο Σεκοῦνδος ὁ ῥήτωρ ἐπὶ τῶν ἐπιστολῶν γενόμενος τοῦ Ὄθωνος· ἑτέρων δ᾽ ἦν ἀκούειν ὅτι... — ταῦτ᾽ οὖν ὑπονοοῦσι τούς τε.... — Hier weisen ἑτέρων δ᾽ ἦν ἀκούειν und das damit im Gegensatze stehende διηγεῖτο darauf hin, dass der Schriftsteller den Inhalt mündlicher Mitteilungen wiedergibt, wie er auch c. 14 διηγεῖτο bestimmt von einer auf dem Wege mündlicher Mitteilung erhaltenen Nachricht gebraucht. An der letzteren Stelle fügt aber Plutarch ausdrücklich ἐμοί bei und sagt so, dass der bei διηγεῖτο angeführte Berichterstatter dies ihm selbst direkt erzählt habe. Dass hingegen ἐμοί c. 9 bei διηγεῖτο Σεκοῦνδος fehlt, erklärt sich, wenn wir hier und bei ἑτέρων δ᾽ ἦν ἀκούειν einen Bericht vor uns haben, den Plutarch nicht direkt aus dem Munde des Σεκοῦνδος und der ἕτεροι erhielt, sondern durch Vermittlung einer dritten Person.[100]) Diese müssen wir nach dem oben Dargelegten in Mestrius Florus erkennen. Ebenso erklärt sich ὑπονοοῦσι am Ende von c. 9, wenn auch hier der Inhalt dessen berichtet wird, was Mestrius Florus dem Plutarch über die Ansichten erzählte, welche hinsichtlich jener offenbar viel besprochenen Vorgänge bei ihnen näherstehenden Personen herrschten, und wenn so der Schriftsteller dies als eine nach seiner eigenen Kenntnis unter den Römern bestehende Anschauung über jene Begebenheiten mitteilt.

Der Sache nach hängen hiemit unmittelbar zusammen die Details über die Vorgänge beim Abfalle des Heeres in Bedriacum c. 13, zumal hier ebenfalls Celsus die Hauptrolle spielt wie am Ende von c. 9. Auch diese Nachrichten über jene gegen Otho gerichteten Bestrebungen werden am einfachsten und natürlichsten auf den Verkehr Plutarchs mit dem Konsularen Mestrius Florus zurückgeführt, welchen noch Sueton als eine am Hofe Vespasians verkehrende Persönlichkeit nennt (Vesp. c. 22). Dies wird dadurch noch wahrscheinlicher, dass Plutarch selbst von ihm c. 14 ausdrücklich hervorhebt, er habe zu den Männern gehört, die nur gezwungen auf Othos Seite standen (ἀνὴρ ὑπατικὸς τῶν τότε μὴ κατὰ γνώμην ἀλλ᾽ ἀνάγκῃ μετὰ τοῦ Ὄθωνος γενομένων); denn da Plutarch auch die Kenntnis hievon nach c. 14 aus dem Munde des Mestrius Florus haben musste, so ist der Schluss gerechtfertigt, dass er die Nachrichten c. 9 und 13, welche die nämliche Sache betreffen, nämlich die Neigung eines Teiles der Othonianer den Otho zu verlassen, ebenfalls von ihm erhielt. Irgend welche Anhaltspunkte für das Vorhandensein anderer Quellen stehen dieser Annahme nicht entgegen[101]); andererseits wäre es unbegreiflich, wie Plutarch, da doch Florus über die damaligen Begebenheiten sich mit ihm unterhielt, gerade von den interessantesten Vorgängen gar nicht gesprochen haben sollte. Jene Nachrichten selbst aber sind derartig, dass kein Grund zu einem Zweifel besteht, ob sie dem von Plutarch in den Worten: ἀνὴρ ὑπατικὸς — γενομένων charakterisierten Manne bekannt sein konnten.

Demnach muss man mündlichen Mitteilungen sicher einen bedeutenderen Einfluss auf Plutarchs Darstellung in dem hier behandelten Abschnitt zuschreiben, als bisher geschieht. Damit wird nicht die Möglichkeit in Abrede gestellt, dass Plutarch über diese Vorgänge auch eine oder die andere Schrift gelesen hatte, welche ja nach Jos. b. i. 4. 9, 2 :» πάντα ταῦτα διεξιέναι μὲν ἐπ᾽

ἀκριβὲς παρητησάμην, ἐπειδὴ δι᾽ ὄχλου πᾶσίν ἐστι καὶ πολλοῖς Ἑλλήνων τε καὶ Ῥωμαίων ἀναγέγραπται in bedeutender Zahl vorhanden waren; so kann c. 10 die Schilderung jenes Versuches der Gladiatoren von ihren Schiffen aus die Brücke der Vitellianer in Brand zu stecken darauf zurückgehen (s. S. 29 ff.).

Nach den Ergebnissen dieser Erörterungen war der Schriftsteller, welchen Plutarch bei der Erzählung des Krieges und der damit unmittelbar zusammenhängenden Vorgänge zu grunde legte, — auf diesen Abschnitt musste sich hier die Untersuchung auch aus äusseren Rücksichten beschränken — Tacitus. Für die Einlegung der wichtigsten dem Plutarch eigentümlichen Partien aus anderer Quelle ergab sich hiebei eine, wie mir scheint, nicht unwahrscheinliche Erklärung. Für nicht begründet halte ich daher bezüglich des hier besprochenen Abschnittes folgende Behauptung Mommsens H. 4 S. 315: „... er (Plutarch) bringt auch eine Menge von Thatsachen, die bei Tacitus nicht zu finden und doch mit der dem Plutarch und dem Tacitus gemeinschaftlichen Erzählung so eng verwachsen sind, dass jedem, der in solchen Untersuchungen Takt und Übung hat, der Gedanke an eine Einlegung derselben aus einer zweiten Quelle von vorn herein als unzulässig erscheinen muss." Überhaupt fördern solche nur von der Autorität ihrer Urheber getragene Aussprüche die Sache selbst sehr wenig; in diesem Betreff sei es gestattet, noch auf einige sicherlich in jeder Hinsicht sehr lehrreiche Erscheinungen hinzuweisen. Während Mommsen H. 4 S. 321 schreibt: „Eines besonderen Beweises dafür, dass dasjenige Werk, welches sowohl Plutarch wie Tacitus hier zum fast ausschliesslichen Führer gedient hat, eben diese Historien des Cluvius sind, bedarf es nach dem Gesagten kaum", sagt Nissen Rh. M. 26 S. 507: „H. Peter hat behauptet, dass Cluvius Rufus die gemeinschaftliche Quelle für Plutarch, Tacitus, Sueton gewesen sei und Mommsen ist ihm hierin blindlings gefolgt. Ich will zunächst nicht urgieren, dass bei eingehender sachlicher Prüfung sich eine Fülle von Instanzen gegen eine solche Annahme ergeben. Aber sie basiert von vorn herein auf einem argen Missverständnis der Schriftsteller" und kommt schliesslich zu dem Resultat, dass eine solche Annahme „aller historischen Kritik und, was dasselbe sei, allem logischen Denken geradezu ins Gesicht schlage." Mommsen behauptet ferner a. a. O.: „Alle Nachrichten darin (in den Hist. des Tac.), die sich auf Cluvius eigene Erlebnisse beziehen, tragen in so bestimmter Weise den Stempel des Persönlichen, dass sie als eben so viele Ursprungszeugnisse gelten dürfen" — hierüber lautet Nissens Urteil a. a. O. S. 531: „Das ist denn doch eine Annahme, welche keine auch noch so flüchtige Prüfung verträgt.

Vielmehr beweisen alle den Cluvius betreffenden Stellen zur Evidenz, dass nicht dessen Darstellung, sondern eine ihm völlig fremde und ferne stehende dem Tacitus vorlag." Nissen selbst erklärt hinwiederum mit nicht geringerer Bestimmtheit die Historien des Plinius für die gemeinschaftliche Quelle des Tacitus und Plutarch, vgl. S. 532: „Die Gründe, welche in den Historien des Tacitus wie den Biographien Plutarchs eine Bearbeitung der Geschichte des Plinius zu sehen nötigen, sind zahlreich und durchschlagend"; ferner S. 535: „Wir dürfen deshalb als allgemeines Axiom für die Analyse der uns erhaltenen Bücher (der Hist. des Tac.) hinstellen, dass Plinius überall da als Gewährsmann zu betrachten ist, wo das Gegenteil nicht bewiesen werden kann." Allein die Unhaltbarkeit seiner Argumentation, soweit sie auf Plinius selbst sich gründet, weist Detlefsen Philol. 34, S. 40 ff. nach, und erst jüngst bemerkte noch Herm. Peter N. Jahrb. 1882 2. H. S. 107, Detlefsen habe nach seiner Meinung überzeugend die Unmöglichkeit dieser Ansicht Nissens dargethan.

Unter solchen Umständen kann die hier begründete Auffassung mindestens mit der gleichen Berechtigung auftreten und auf eine sachliche Prüfung Anspruch erheben. Auf das chronologische Verhältnis beider Schriften wurde nicht eingegangen, weil die in dieser Richtung gemachten Versuche nur die Unzulänglichkeit der uns hiefür zu gebote stehenden Anhaltspunkte erwiesen haben. Übrigens wollten diese Erörterungen zunächst darauf hinweisen, wie bei unseren Schriften in nicht wenigen Fällen noch eine gesicherte Erklärung mangelt, und zugleich hiezu einen Beitrag liefern. So seien die besprochenen Stellen erneuter Prüfung empfohlen; ohne richtige Auffassung derselben ist weder eine stichhaltige Beurteilung des Verhältnisses der beiden Schriftsteller zu einander noch eine historisch begründete Darstellung der Begebenheiten des Jahres 69 möglich.

Anmerkungen.

1) Comparatio eorum, quae de imp. Galba et Othone relata legimus apud Tacitum, Plut., Suet., Dionem C., instituta cum ad illorum script. indolem, tum ad fontium, ex quibus hauserint, rationem pernoscendam. Stuttg. 1851. (Maulbronner Progr.) — 2) De Tacito, Suet., Plut., Cassio D. scriptoribus imp. Galbae et Oth. Berol. 1857 (Dissert.) Vgl. dens. Verf. Forschungen zur deutschen Gesch. 1864 B. 4. — 3) Die Quellen Plutarchs in den Biogr. der Römer. Halle 1865. (Heeren de fontibus et auct. vit. par. Plut. comment. IV. Gott. 1820 ist wegen nicht hinlänglich eingehender Behandlung der Sache (S. 188—190) bei dem gegenwärtigen Stande der Untersuchung nicht mehr von Belang, ebenso Ad. Schmidt de quibusdam auct., quos in descr. rebus ann. 68 et 69 p. Chr. n. gestis Tac., Plut., Suet. secuti sunt aut secuti esse videntur. Jenae 1860). — 4) Corn. Tac. und Cluvius Rufus. Hermes 4. 1870 S. 295—325. — 5) Die Historien des Plinius. Rhein. Mus. 26. 1871 S. 497—548. Hiezu: Detlefsen, über des älteren Plinius Gesch. seiner Zeit und ihr Verhältnis zu Tac. Philol. 34. 1876 S. 40—49; ferner Dieckmann, num de ratione, quae inter Tac. et Plin. hist. intercedat, recte Nissenius iudicaverit quaeritur. Rostock. (Diss.) — 6) Vgl. z. B. Nissen S. 534: „Daraus folgt, dass das Gesetz der Quellenbenützung auf Tac. ebenso zutrifft wie auf die übrigen Geschichtschreiber des Altertums, eine Thatsache, die zwar den alten Marotten der Philologen wenig zusagen mag, aber als selbstverständlich von jedem angesehen werden wird, der mit historischer Kritik sich vertraut gemacht und mit den Gesetzen der Geschichtschreibung ernstlich beschäftigt hat." — . 7) Hirzel erklärt die acta diurna als gemeinsame Quelle, Wiedemann für Otho den Plinius, für Galba den Plinius als Quelle des Tacitus, den Plinius und Cluvius als die des Plutarch; Peter sieht die gemeinschaftliche Quelle in Cluvius Rufus, ebenso Mommsen, was hinwiederum Nissen als durchaus unmöglich hinstellt. Er selbst erkennt in Plinius die gemeinsame Quelle. — 8) Z. B. S. 295: „Sicherlich hat jeder aufmerksame und verständige Leser beider Schriften im ganzen die gleiche Beobachtung gemacht" (dass sie von einander unabhängig aus gleicher Quelle geflossen sind). Ebenso entschieden Nissen in Sybels hist. Z. B. 26. 1871 S. 221: „Die Verwandtschaft zwischen beiden Darstellungen ist eine derartige, dass kein Historiker auch nur einen Augenblick daran denken kann, die eine aus der andern abzuleiten." — 9) Seine erste Schrift: Plut. und Tac. Berl. 1870 bekämpfte vor allem H. Peters Behauptungen, die zweite: Tac. und Suet. Breslau 1870 nahm auch schon auf Mommsens Abhandlung Rücksicht. — 10) Annalen des Tac. 6. Aufl. Berl. 1874. Einl. S. 27. — 11) Chr. Bähr in den Heidelb. Jahrb. der Lit. 63 (1870) S. 398 und 64 (1871) S. 333. — 12) Urdeutsche Staatsaltertümer zur schützenden Erl. der Germania des Tac. Berl. 1873 S. 105—

121. — 13) Burs. Jahresb. 1876. II. S. 774. — 14) Gesch. des röm. Kaiserr. unter der Reg. des Nero Berl. 1872. S. 23. — 15) De Tac. fontibus in l. I ann. Bonnae 1873 (Diss.) S. 1; ferner J. Jahrb. 109 S. 201. — 16) De fontibus ad Tiberii hist. pertin. Halis S. 1874 (Diss.) S. 28. — 17) De font. a Cassio D. in conscr. rebus inde a Tiberio usque ad mortem Vitellii gestis adhib. Gott. 1876 (Diss.) S. 11. — 18) Zur Quellenkritik des Tac., Suet. und Cassius Dio: Das Vierkaiserjahr. Braunschw. 1880. S. 2. 19) De vitarum imp. Othonis fide quaestiones 1880. (Zweibr. Progr.) — 20) De Tacito Plutarchi auctore. Halis. S. 1880 (Diss.) — 21) Bemerkungen zu dem Feldzuge des Vit. und Otho nach der Darstellung des Tac. Kiel 1864 (Progr.) — 22) De imp. M. S. Othonis vita et rebus gestis. Monast. 1868. (Diss.) — 23) Ex Tac. hist. dilucide intellegi non posse ostenditur, quomodo bellum inter Othonianos et Vit. gestum sit. Rost. 1870. (Diss.) — 24) Die zwei Schlachten von Bedriacum im J. 69. Hermes 5. 1871. S. 161—173. — 25) Histoire des empereurs. Venise 1732. I. — 26) Hist. des emp. Romains. Paris 1752. V. — 27) Gesch. der Römer unter dem Kaisertume. 4. B. 1. H. Leipzig 1871. (Deutsche Ausg.) — 28) Gesch. Roms. 3. B. 4. Aufl. Halle 1881. — 29) Gesch. des röm. Kaiserreiches. Berl. 1880—81. — 30) Gesch. der röm. Kaiserlegionen von Augustus bis Hadrianus. Leipz. 1881. — 31) So Till. S. 375 u. 621, Crevier S. 185. Zwar erklärte schon Hagge S. 16, die Worte des Tac. 2,17 seien nicht in ihrer ganzen Ausdehnung zu verstehen, aber erst Mommsens nachdrückliche Bemerkung Herm. 5, S. 162 fand allgemeinere Beachtung, und diese hat jetzt auch Heräus in seine Ausg. (3. Aufl. S. 149) aufgenommen. Allein bei der Erklärung, der Ausdruck sei von Tac. zu allgemein gefasst, sollte man sich doch nicht so leichthin beruhigen; denn eigentlich spricht man gegen den Schriftsteller den Vorwurf einer sehr schlimmen Gedankenlosigkeit aus, wenn man ihm zutraut, er habe hier erzählt, die ganze Ebene nördlich des Po sei von den Vitellianern besetzt worden, während nach seiner eigenen späteren Darstellung Truppen aus Pannonien und Dalmatien in dem östlichen Teile eben dieser Ebene völlig unbehelligt von den Feinden mit den übrigen Streitkräften Othos sich vereinigt haben müssen. — 32) Nach Till. S. 375 u. 621, Crevier S. 193, K. Peter S. 381 befindet sich Cremona gleich anfangs im Besitze der Vitellianer. Ganz unklar sind hier Hertzberg S. 284 und Merivale; wiewohl der letztere S. 67 nur von der Besetzung der transpadanischen Landschaft westlich von der Addua durch die Vitellianer spricht, nimmt er später doch darauf keine Rücksicht, dass demzufolge Cremona anfangs noch nicht in ihren Händen gewesen wäre. Hingegen sagt Mommsen H. 5. S. 162: „Cremona war den Vitellianern in die Hände gefallen" und begründet diese Behauptung in der 3. Anm. folgendermassen: „Nach der Angabe des Tac. 3,32: (Cremonenses) iuvisse partes Vitellianas Othonis quoque bello credebantur (vgl. 2,70) und seinem Schweigen über die Einnahme Cremonas ist anzunehmen, dass die Stadt wie Mailand und andere sich freiwillig unterwarf. In der Kriegserzählung erscheint sie durchaus als das Hauptquartier der Vitellianer (Tac. 2,22. 23; 3,26). Es ist also ein Versehen Plutarchs, dass er den Gallus nach Cremona marschieren lässt, um der bedrohten Stadt Hilfe zu bringen." (Das letztere auch schon bei Till. S. 621 N. 4) Allein die aus der späteren Erzählung des Tac. angeführten Stellen finden ihre vollständige Erklärung in den Ereignissen nach dem Sturm auf Placentia, da Cremona später den Vitellianern wirklich in die Hände fiel; hier aber handelt es sich um die militärische Lage in Oberitalien vor dem Eintreffen Cäcinas. Ferner steht der Annahme, Cremona habe sich mit Mailand und anderen Städten unterworfen, der bestimmte Bericht des Tac. 1,70: Mediolanum ac No-

variam et Eporediam et Vercellas in jeder Beziehung entgegen, da hier, abgesehen davon, dass Cremona nicht zur regio transpadana gehörte, die Aufzählung der Städte, um die es sich handeln kann, offenbar eine vollständige ist. Uebrigens stellt Mommsen auch H. 5 S. 161 den ganzen Vorgang ungenau und schief dar: „Schon vor der Ankunft Cäcinas erklärten sich Med., Nov., Epor., Verc., ja sogar schon eine am Po stehende Reiterabteilung für Vit." Tac. sagt nämlich ausdrücklich, jene Reiterabteilung habe die Initiative zum Abfall von Otho ergriffen und eben sie habe die genannten vier Städte für Vit. gewonnen; dieses Auftreten der ala Siliana wird sogar 2,17 nochmal besonders hervorgehoben. In Mommsens Darstellung liegt nun eine nicht unwesentliche Veränderung des wirklichen Herganges, die auch das Verständnis der damaligen militärischen Lage in Oberitalien verdunkelt; denn man wird ohne ausdrückliches Zeugnis keine Veranlassung zu der Annahme haben, der bestimmende Einfluss jener Reiterabteilung habe sich noch über die genannten vier Städte hinaus auch schon auf Cremona erstreckt. Bezüglich des Schweigens des Tac. über die Einnahme Cremonas s. S. 18. — Nur Hagge lässt S. 15 und 16 Cremona anfangs nicht von den Vitellianern besetzt sein, aber ohne nähere Begründung. — 33) Merivales Darstellung S. 67: „Die batavische Reiterei stürzte sich in den Strom und sicherte einen bequemen Uebergang für Cäcinas vorderste Kolonnen" und die ganz ähnliche Hertzbergs S. 284: „Cäcina drängte zum Angriff (gegen Plac.). Seine Bataver öffneten ihm den Uebergang über den Padus" kann sich nur auf Tac. 2,17 gründen, ist aber unrichtig; denn damals gewannen die Bataver keine bleibende Position am Poufer bei Placentia. Der spätere Uebergang des Cäcina Tac. 2,20 kann mit jenem der Bataver in keinem unmittelbaren Zusammenhang stehen, da inzwischen noch der Vormarsch des Spurinna von Placentia aus stattfand. — 34) Till., Crevier, Merivale sagen hierüber nichts. Nach Ruperti (zu 2,11), Orelli (zu 2,11 und 23), Hagge S. 15, K. Peter S. 381, Hertzberg S. 284, Krauss S. 43 befand sich Gallus damals schon auf dem nördlichen Ufer; dagegen hätten nach Ritter (Bem. zu Tac. Philol. 21. 1864 S. 601 ff.) und Mommsen H. 5 S. 163 die Othonianer vor Cäcinas Abzug von Placentia nirgends den Po überschritten. — 35) Bei Till. (S. 375: pour garder le Po), Crevier (S. 179: Gallus et Spurinna .... eurent l'ordre d'aller disputer aux ennemis le passage du Po), K. Peter (S. 379: um wenigstens die Polinie zu behaupten) ist der Umfang der Aufgabe des Gallus nicht vollständig erkannt. — 36) Den Beginn dieser Thätigkeit des Gallus setzt Mommsen H. 5 S. 165 ohne Zweifel zu spät an, wenn er erst zu 2,23: Gallus .... sistit bemerkt: „Offenbar nahm Gallus hier (in Bedriacum) Stellung, weil über Verona das Gros der Donaulegionen heranrückte und er diese hier aufnehmen wollte." — 37) Damit erledigt sich auch Hagges Bem. S. 16, man sehe nicht ein, warum Gallus erst nach Verona heraufmarschiert wäre. — 38) Wie schon Crevier S. 194 von einem „défaut d'exactitude" des Schriftstellers spricht, so bemerkt Mommsen H. 5 S. 164 hierüber: „Bedr. war ein militärisch ungemein wichtiger Ort, weil in die am nördl. Ufer des Po hinlaufende Strasse hier die andere von Verona kommende einfiel. Es ist dies der Grund, weshalb Tac. diesen Ort als zwischen Cremona und Verona gelegen bezeichnet, was übrigens, wenn nicht gerade falsch, doch nicht korrekt ist." Dass Tac. nicht inter Cremonam Veronamque sagt, sondern inter Veronam Cremonamque ist dabei nicht beachtet. — 39) Mommsens Darstellung H. 5 S. 163: „Von diesem Erfolge (der Zurückweisung des Cäc. vor Plac.) in Kenntnis gesetzt gab A. Gallus, der mit der Hauptmasse der aus der Hauptstadt herbeieilenden Truppen heranrückte, um Plac. zu entsetzen, diesen jetzt zwecklos gewordenen

Marsch auf . . ." kann unmöglich ein richtiges Bild von den damaligen Vorgängen geben; denn Gallus und Spurinna hatten ja gleichzeitig Rom verlassen, und als jene Truppen aus der Hauptstadt herbeieilten, befand sich Spurinna selbst bei ihnen und noch nicht in Placentia. — 40) Ritter erhebt Bedenken (Philol. 21 S. 649) gegen die Annahme, Tac. habe den Poübergang des Gallus (nach der Abordnung des Spurinna) nicht ausdrücklich angegeben; denn sowie es dem einen oder anderen Teile gelinge über den trennenden Strom vorzurücken, werde dies genau angegeben. Allein bei der Gefangennahme der classici 2,17, die jedenfalls aus Rom gekommen waren, muss auch von einer der beiden Parteien der Po überschritten worden sein, ohne dass Tac. dessen ausdrücklich Erwähnung gethan; das nämliche findet 2,18 und 19 bei der Besatzung von Plac. unter Spurinna statt, sowohl beim Ausmarsch von Plac. als bei der Rückkehr dorthin. Ferner erscheinen später 2,23 24 Paulinus und Celsus auf dem nördlichen Ufer, nachher c. 31 auch Otho, ohne dass der Uebergang über den Po ausdrücklich erwähnt wurde; Ritter selbst geht mit den Worten: „wohin bald nachher auch die übrigen Streitkräfte des Otho folgten" über den nämlichen Punkt, bei dem er in einem Falle so argen Anstoss nimmt, ganz glatt hinweg. Unsere Auffassung steht also mit der Darstellungsweise des Tac. keineswegs im Widerspruch; im Gegenteile hat er diese Angabe gerade bezüglich der Othonianer ganz regelmässig unterlassen. Auch Ritters Ansicht, die Othonianer hätten sich auf dem südlichen Ponfer zu behaupten gesucht, ist nicht richtig. Die Ebene nördlich von dem östlichen Teile des Flusses gehörte von anfang an zu dem Operationsfelde der Othonianer, da hier die Truppen aus Pannonien und Dalmatien sich mit ihren anderen Streitkräften vereinigten. — 41) Mommsen bemerkt H. 4 S. 304: „Die beiden Sätze des Tac. 1,87 (vgl. 2,23): copiis — destinati und 2.11: his copiis — praemissus sind bei ihm (Plut.) c. 5 vereinigt: στρατηγούς — Σπουρίναν oder, wenn sie, was möglich ist, ursprünglich zusammengehörten, bei Tac. auseinandergerissen." Allein da Plut. keineswegs den vollen Inhalt jener beiden Sätze wiedergibt, indem bei ihm von der Oberleitung jener drei Feldherrn und von der Voraussendung des Gallus nichts berichtet wird, so kann man nicht einfach von einer Vereinigung jener Sätze des Tac. bei Plut. sprechen; richtiger bezeichnet Krauss S. 11 Plut. Darstellung als eine ungenauere. Da ferner die von Tac. 1,87 und 2,11 erzählten Thatsachen überhaupt nicht gleichzeitig geschahen, so entbehrt auch die Annahme der Begründung, sie seien in der Quelle in solcher Weise wie bei Tac. in einem Satze vereinigt gewesen. Die Annahme getreuerer Wiedergabe einer sog. gemeinsamen Quelle durch Plut. ist also hier wegen der sachlichen Mangelhaftigkeit seiner Darstellung ausgeschlossen (s. auch S. 53 ff.) — 42) Wenn Mommsen H. 4 S. 305 sagt: „Die Erzählung des Entscheidungskampfes läuft bei beiden Schriftstellern wieder in der Hauptsache gleich. Die Unbotmässigkeit der übrigens tapferen Soldaten Othos in Plac., die ihren Führer zum Schlagen zwingt, macht den Ausgangspunkt", so ist zunächst die Behauptung unrichtig, dass auch bei Plutarch die Unbotmässigkeit der Soldaten den Führer zum Schlagen zwinge; nicht einmal von den „übrigens tapferen Soldaten Othos" könnte man nach Plutarch sprechen (vgl. μαλακοί). Ueberhaupt gestatten gerade hier charakteristische Verschiedenheiten eine einfache Gleichstellung beider Darstellungen nicht; daher durfte auch Nissen Rh. M. 26 S. 510 nicht einfach schreiben: „Plut O. 5,5 charakterisiert die Prätorianer als μαλακοί ὑπὸ σχολῆς . . . . und lässt ihnen gleich darauf 6,1 dieselben Vorwürfe und fast mit denselben Worten vom Feinde machen: σχηναίους — ἀποκαλοῦντες. Beides durch die

Wendung 2,21 ausgedrückt: illi ut segnem — increpabant." Vielmehr liegt hier eine eigentümliche Mangelhaftigkeit der plutarchischen Erzählung vor, da in seiner Darstellung beide Stellen, vor allem aber die erste der richtigen Beziehung entbehren (s. hierüber auch S. 54) — 43) Auch die von Krauss S. 12 gegebene Erkl.: „Nam milites, qui Sp. orant, ut viribus suis uteretur, nihil aliud petunt, nisi ut eruptionem facere sibi liceret ad ulciscendos hostes qui mollitiam et ignaviam increpantes ad pugnam se provocassent", ist nicht möglich, da sich damals die Othonianer überhaupt nur von ihren Befestigungen aus verteidigten und wegen der Uebermacht des Feindes keinen Kampf ausserhalb der Festungswerke wagen konnten. In der That kommt in Plut. eigener Schilderung nichts von einem Ausfalle vor. — 44) Von einem Rückzug nach Cremona sprechen Till. S 375. Crevier S. 193, Ritter (Philol. 21. S. 650, K. Peter S. 381, Pfitzner S. 53 und 120, Mommsen H. 5 S. 162. — 45) Nach Pfitzner S. 53 müssten die 8000 Vexillarier sich sogar schon vor der Abordnung des Spur. mit den aus Rom kommenden Truppen vereinigt haben, auch nach Krauss S. 43 hätte Gallus schon vor seinem Marsche nach Plac. die illyr. Vexilla an sich gezogen. — Wie bei Pfitzner hinsichtlich des Bestandes jener Vexilla sich widersprechende Auffassungen vorkommen, indem nach S. 151 aus beiden Legionen (der 11. und 14.) zusammen 1000 Auserwählte, dagegen S. 258 von den Vierzehnern allein 2000 Mann nach Italien vorausgehen, so auch hinsichtlich der Bemerkung des Tac. 2,11 über die Langsamkeit des Marsches der illyr. Truppen. Während sie S. 54 und 151 auf die 14. Legion bezogen ist, wird sie S. 53 von dem Gros der Legionen im Gegensatze zu den Vexilla verstanden. Wollte man aber den Worten sed quo plus virium — inerat eine speziellere Beziehung geben, so könnte man sie nur auf die unmittelbar vorher näher charakterisierte 14. Leg. beziehen; allein dem steht plus virium entgegen, da die 14. Leg. nicht speziell als stärker an Truppenzahl geschildert war. Daher gelten jene Worte von der gesammten von fuere quattuor legiones an genauer bezeichneten Streitmacht Pannoniens und Dalmatiens, welche an Zahl (virium) und an Tüchtigkeit (robore) sehr bedeutend war, und es ist von der illyr. Streitmacht in ihrer Gesamtheit gesagt, dass sie ihren Marsch nicht sehr beschleunigte. — 46) K. Peter (ebenso Hertzberg S. 284) macht hinsichtlich der othonianischen Streitkräfte zwischen der Zeit des Treffens bei Castores und der Entscheidungsschlacht keinen Unterschied, noch vor dem Kampfe bei Castores bemerkt Peter S 382, auch die pann. und dalm. Legionen hätten sich beim Heere befunden; allein die in der Anm. hiefür angeführten Gründe sind nicht zutreffend. Jenes Zurücksenden auch der 7. und 11. Legion fand keineswegs unmittelbar nach der Schlacht statt, wie Peter behauptet; nach dem von Tac. 2,57—66 Erzählten müssen vielmehr von der Schlacht bis zur Zurücksendung der Legionen durch Vitellius mehrere Wochen verflossen sein, wie ja auch der bald nach jener Zurücksendung stattgehabte Besuch des Schlachtfeldes intra quadragensimum pugnae diem (2,70) fällt. Eben während dieser Zwischenzeit sind die Legionen, die bei der Schlacht noch nicht zugegen waren und deren Zurücksendung später berichtet wird, noch eingetroffen, da sie ja nach 2,32 vor der Schlacht schon im Anmarsche und zwar nicht mehr allzu ferne gewesen. Auch wird nach der Schlacht nicht immer nur mehr von den drei mösischen Legionen als einem Rückhalt für Otho gesprochen; die Prätorianer weisen 2,44 auf einen grossen Teil des Heeres hin, der in Bedr. zurückgeblieben sei. Während nämlich die Hauptmasse der othonianischen Streitmacht 2,39 aufbricht, um nach Othos Befehl den Feind zu einer Schlacht zu zwingen, müssen sowohl diejenigen Abteilungen, welche nach dem weiten Marsche aus Pann. und Dalm. damals eben erst eingetroffen waren, als auch jene, die in der Zeit zwischen dem Aufbruch des Heeres und seiner Niederlage noch anlangten, in Bedr. zurückgeblieben sein; daher heisst es 2,44: magnam exercitus partem Bedriaci remansisse. Wenn wir endlich 2,86 in Bezug auf die 13. und 7. Legion lesen: dolorem iramque Bedriacensis pugnae retinentes, oder wenn 3,1 und 2 von den früheren othonianischen Legionen im allgemeinen als von besiegten gesprochen wird, so erklärt sich dies dadurch, dass die Folgen der Schlacht sich auf alle erstreckten, weil auch die, welche in der Schlacht nicht mitgekämpft, sich nachher unterworfen hatten; daher gehörten alle zur besiegten Partei. Ganz in der gleichen Weise werden 3,1 und 3,13 unter den mit pulsae oder victae bezeichneten Leg. auch die mösischen mit inbegriffen, welche zur Zeit der Schlacht erst bis Aquileia vorgerückt waren. — Joh. Müller (Beitr. zur Krit. und Erkl. des Tac. 2. H. S. 19) erklärt victae 3,1 ebenso; da er aber von jenen 6 Leg. nur die 3 mösischen als bei der Schlacht nicht beteiligt ausnimmt, so wären auch nach seiner Ansicht die pann. und dalm. Leg. bei der Entscheidungsschlacht schon alle zugegen gewesen. — 47) Pfitzner will hier, davon ausgehend, dass duabus auxiliaribus cohortibus nur auf Korrektur der freilich jedenfalls unrichtigen Ueberlieferung uexillaribus beruht, die Anwesenheit aller vier Vexilla S. 53 folgendermassen beweisen: „Jedenfalls sind hier durch die falsche handschr. Form duabus vexillaribus st. vexillariis (ein erklärliches Versehen des Abschreibers wegen des Gleichklanges mit dem folgenden Worte cohortibus) eher zwei Vexillarkohorten als Auxiliarkohorten angedeutet und deshalb dürfte gerade der Plur. legionum hier an seiner Stelle sein. Die Frage, wo das vierte illyr. Vex. geblieben, würden wir mit der Gegenfrage beantworten, wo die fehlenden zwei prät. Koh. geblieben? nur 3 standen auf der Strasse und 5 waren doch ausgezogen. Sie werden wohl nebst dem vierten Legionsvexill die Reserve gebildet haben." Aber für die Verbesserung der fehlerhaften Ueberlieferung kann hier der Gleichklang in den Worten kein Kriterium bilden, weil dieser für die beiden in Frage kommenden Ausdrücke in gleicher Weise geltend gemacht werden kann; es handelt sich also darum, welcher Ausdruck sachlich richtig ist. Während nun Tac. das Vex. der 13. Leg. ausdrücklich als tertiae decumae leg. vexillum anführt, sollten nach Pfitzner zwei andere Vex. ganz gleicher Art als vexillariae cohortes bezeichnet sein. Dies ist jedoch um so weniger möglich, als der Leser bei diesem Ausdruck gar nicht an jene Vexilla aus den Legionen, sondern an Vexillarier aus Kohorten, nämlich von Auxiliariern, denken müsste, zumal bei dem Gegensatze der vorher ausdrücklich genannten Legionsvexillarier; so heisst es z. B. hist. 3,6 von Auxiliarkohorten: Antonio vexillarios e cohortibus rapienti, während Legionskohorten anders bezeichnet werden. z. B. ann: 12,38 legionarias cohortes. Mit der Annahme aber, das vierte, auch nach Pfitzners Erkl. von Tac. nicht ausdrücklich genannte Legionsvexill sei bei der Reserve gewesen, lässt sich der ganz bestimmte Bericht des Tacitus nicht vereinbaren, da von ihm eben diese Reserve genau angegeben und 2,26 noch ausdrücklich hervorgehoben wird, es sei weiterhin keine Reserve mehr vorhanden gewesen (vgl. et perculsis nullum retro subsidium foret). Endlich beruht die Gegenfrage nach den fehlenden zwei prät. Koh. auf einer unrichtigen Voraussetzung. (Auch bei Heräus 3. Aufl. steht zu 2,11 noch die unrichtige Bem.: „ceteris also fünf.") Das Nähere über diesen Punkt s. S 24 — 48) In ähnlicher Weise erscheinen 2,14 unter den vitellianischen Truppen, die in G. Narbonensis gegen die Othonianer kämpfen, quingenti Pannonii nondum sub signis: diese müssen gleichfalls schon vor dem Ausbruch dieses Krieges nach Gallien gekommen sein. — 49) Zu der Pann. coh. bemerkt Heräus: „i. e. exercitus Pannonici (c. 11)"; über die mille vexillarii 2,18 sagt Ritter (mit ihm stimmt Orelli und Peter S. 380 überein) zu 2,11: „qui hoc loco veterani e praetorio, iidem paulo post (c. 18) vexillarii vocantur", bei Heräus heisst es hierüber 2,18: „i. e. electos e legionibus Pannonicis vel Dalmaticis qui sub vexillo erant. S. zu c. 11,3 und 1,31" — Erklärungen, die dem Verlauf der Begebenheiten nicht entsprechen. Auch Mommsen schreibt H. 5 S. 162 A. 2: Von den vier pann.-dalm. Legionen, die nach Tac. 2,11 sich auf dem Marsche befanden, werden die Vortruppen der 13. (2,24. 43. 44) und der 14 (2,43. 66) ausdrücklich unter den Teilnehmern an den ersten Kämpfen namhaft gemacht. Auch die 1000 vexillarii in Plac. (2,18), wahrscheinlich auch die pann. Koh. von Cremona (2,17) gehören zu diesen Truppen." Übrigens kommen von der 13. Legion nicht bloss die Vortruppen vor, sondern es nimmt an der Entscheidungsschlacht 2,43. 44 schon die ganze Legion teil; auch beziehen sich Mommsens Zitate 2,43. 44. 66 nicht auf die ersten, sondern auf die letzten Kämpfe in diesem Kriege. — 50) Da es übrigens 2,33 heisst: perpulere, ut Brixellum concederet und Tac. concedere in örtlichem Sinne ganz regelmässig von dem Zurückgehen an den Ort, den man vorher innegehabt, gebraucht, z. B. h. 3,11 Patavium concessit, 4,36 Vocula Geldubam atque inde Novaesium concessit, 4,57 verso itinere Novaesium concedit (andere St. s. im Lex. Tac. von Gerber und Greef), so enthält jene Ausdrucksweise bei Tac. auch die Andeutung, dass Otho von Brixellum zum Kriegsrate nach Bedriacum gekommen war. Weil aber der Leser jedenfalls wenigstens Othos Zurückbleiben auf dem südlichen Poufer aus der Darstellung des Tac. entnehmen muss, so entbehren schon deshalb folgende Ausführungen Mommsens H. 4 S. 310 der thatsächlichen Begründung: „... Nach ihm (Tac.) muss der Leser glauben, wenn er es auch nicht gerade gesagt bekommt, dass Otho bis dahin bei dem Heer (nördl. des Po) sich befunden hat .... Bei der taciteischen (Erzählung) fällt Othos Abwesenheit mehr ins Gewicht und wird der Ausgang besser vorbereitet: is primus dies Othonianas partes adflixit u. s. w. Dieselben Nachteile hatte seine Abwesenheit auch schon früher gehabt; aber dass er bei der Entscheidungsschlacht fehlte, macht mehr Eindruck, wenn dasselbe nicht schon von den vorbereitenden Gefechten gesagt war und darum bringt Tac. seine Abwesenheit erst hier ins Spiel." (auch von Heräus 3. Aufl. zu 2,33 aufgenommen.) Es stellt aber ferner Plutarch gerade wie Tac. Othos Abwesenheit bei der Entscheidungsschlacht als ein ganz besonders schwer wiegendes Moment hin und der c. 10 mit καὶ τοῦτο προσεξαμαρτών beginnende Abschnitt entspricht bei ihm dem wesentlichen Inhalte nach vollständig jenem is primus dies ... bei Tacitus; ausserdem machten sich die Nachteile von Othos Abwesenheit früher in der That nicht in gleich hohem Grade geltend, als dies eben damals mit dem Auftreten des Titianus und Proculus der Fall war. — Ganz schief ist Clasons Darstellung (Tac. und Suet. S. 97) bezüglich Othos Beteiligung an dem Feldzuge: „Tac. lässt Otho mit starker Bedeckung zuerst auf dem Kriegsschauplatze sein (2,11), während seine Heerführer an den Seealpen (2,12), bei Plac. (2,20—22) und in der Nähe von Bedr. (2,24—26) siegen; dann zieht sich Otho bei der Vereinigung der feindlichen Truppen vom Kriegsschauplatz nach Brixellum zurück, gerade wie Sueton auch berichtet." Aber nach 2,11 befindet sich Otho noch nicht auf dem Kriegsschauplatze, sondern marschiert erst an den Po; man muss in dieser Beziehung die Zeit der ersten Kriegsereignisse am Po, während welcher nur Gallus und Spurinna schon mit Truppen in jener Gegend stehen, und die Treffens ad Castores wohl auseinander halten, um nicht alles zu verwirren. Ferner berichtet

Sueton in Wirklichkeit nichts davon, dass Otho sich vom Kriegsschauplatze zurückzieht; nach seinen Worten c. 9: nec ulli pugnae affuit substititque Brixelli blieb Otho nach seinem Eintreffen am Po von anfang an in Brixellum und war demnach auch während des Treffens bei Castores nicht auf dem eigentlichen Kriegsschauplatze im Norden des Po. Auch Clasons weitere Annahme einer zweimaligen Wiedergabe desselben Berichtes über Othos Rückzug nach Brixellum durch Plutarch (ebenso in seiner Schrift: Plut. und Tac. S. 50) ist unrichtig; Plutarchs Ungenauigkeit c. 5 besteht vielmehr darin, dass er auch den Gallus und Spurinna erst zu jener Zeit auf den Kriegsschauplatz abgehen lässt. — 51) Nach Crevier S. 194 und Peter S. 384 wäre Macer aus eigenem Antriebe von dem weiteren Verfolgen seines Sieges abgestanden und hätte sich gegen ihn gleichfalls die Erbitterung der Soldaten gerichtet; das letztere nimmt auch Orelli an. — 52) Diesem Zusammenhange gemäss ist die Anm. bei Heräus 3. Aufl. S. 156 zu vincentium: „ganz allgemein: der Othonianer, die eben siegreich d. i. im Siegen begriffen waren, nicht bloss Gladiatoren" nicht zutreffend; denn bei diesem Kampfe (vgl. fortunam proelii) waren nur die Gladiatoren beteiligt, also können auch nur diese unter vincentium gemeint sein. Dagegen ist im folgenden Satze Othonianis allgemein zu nehmen, weil der Vorgang auch bei den anderen Truppen bekannt wurde und überall böses Blut machte. Ebenso erweist sich durch den Zusammenhang der beiden Sätze Ritters Erkl. für reprehensus: „Von den Führern des Hauptquartiers wurde der glücklich vollbrachte Streich gerügt" als falsch; denn nach den Worten des Tac. findet die Handlung des Hauptsatzes (repressus, reprehensus) während dieses Kampfes statt. — 53) Ritter bezeichnete zuerst die Parenthese: nam eos quoque Otho praefecerat als ein dem Zusammenhange der Erzählung widersprechendes Glossem, ihm folgte Nipperdey. Orelli kennzeichnete sie mit einem + als korrupt, Halm klammerte in der 3. Aufl. quoque als nicht in den Text gehörig ein, Urlichs (Eos I S. 250) und Kiesling (N. J. 99 S. 619) änderten quoque in copiis, was Heräus und Gantrelle in den Text aufnahmen, Wölfflin schlug namque eos vor. Die grosse Verschiedenheit in den Ansichten der Gelehrten spricht nicht eben für die Richtigkeit des eingeschlagenen Verfahrens. — Ob die Worte eos quoque eine richtige Beziehung haben, ist nicht bloss nach dem hier vorliegenden Kapitel zu beurteilen, sondern nach dem Zusammenhange der ganzen Erzählung des Schriftstellers; denn dieses Kapitel ist doch geschrieben, nicht um für sich allein, sondern um in Verbindung mit der ganzen vorhergehenden Erzählung gelesen und verstanden zu werden. Nun hatte Tac. schon 2,11 den A. Gallus ausdrücklich als den Oberbefehlshaber desjenigen Heeres genannt, zu dem jene Gladiatoren gehören; daher kann der Leser den Macer nur als einen dem Gallus untergebenen Truppenführer sich vorstellen und eben deshalb eos quoque nicht so auffassen, als wäre auch Macer einer der Oberbefehlshaber des ganzen Heeres gewesen. Somit ist die eine sinnwidrige Beziehung, welche Ritter Ausg. 1848 und Philol. 21 S. 652 als möglich hinstellt, gerade durch den Zusammenhang der Erzählung ausgeschlossen. Noch viel weniger wird ein unbefangener Leser, der nicht darauf ausgeht ein Glossem zu entdecken, nach dem, was er 1,87; 2,11 und 2,23 in dem Satze mit isdem diebus über die othonianischen Feldherrn erfähren, darauf verfallen eos quoque so aufzufassen, als ob Otho „die drei Anführer zu Mitaufsehern einer Uferwache gemacht habe." Da vielmehr 2, 11 nur A. Gallus als Oberbefehlshaber des Heeres, bei dem auch die Gladiatoren sich befanden, genannt und unmittelbar vor dem Kampfe des Macer nur dieser bei der Kriegsleitung am Po erwähnt worden war (im ersten Teile von 2, 23), so kann der Leser nur erwarten, dass der Unwille der Soldaten gegen Gallus sich richte; daher würde er für den Satz: Annium Gallum variis criminibus incessebant keiner weiteren Bemerkung bedürfen. Wenn es aber noch ausserdem heisst: et Suetonium Paulinum et Marium Celsum, so ist für diese noch eine erklärende Bemerkung nötig; denn sie kamen bisher bei der Kriegsleitung am Po noch nicht vor und wurden überhaupt im ganzen zweiten Buche gar nicht erwähnt. Dies ist um so mehr der Fall, als die wirkliche Uebernahme der Befehlshaberstelle bezüglich des Paulinus und Celsus noch gar nicht berichtet war (1,87 nur destinati, 2,11 nur von Gallus). Weil also der Leser für die letzten zwei einer erklärenden Bemerkung wirklich bedarf, kann er naturgemäss eos quoque auch nur auf die zwei letzten beziehen und darin nur eine Verweisung auf 1,87, sowie eine nachträgliche Bem. in dem Sinne erkennen, dass bei dem Heere Othos 2,11 auch Paulinus und Celsus sich befunden und sie ihre 1,87 in Aussicht genommene Stellung angetreten hatten. Daher kann man nicht mit Urlichs a. a. O. behaupten, es könnten nur alle Oberfeldherrn gemeint sein und dies seien nur jene drei gewesen. Allein abgesehen von diesem Zusammenhange ist die richtige Beziehung von eos quoque auch noch durch ein sprachliches Moment gesichert. Wenn Tac., so oft er die drei Feldherrn zugleich nennt (1,87 zweimal, ferner 2,32 und 33), sie konsequent in der Reihenfolge: Paulinus, Celsus, Gallus anführt, so ist dies bei einem Schriftsteller, der durch die Mittel der Sprache möglichst viel zu bezeichnen sucht, sicher nicht zufällig; diese Reihenfolge entspricht offenbar dem Verhältnis, welches unter ihnen nach ihrer Bedeutung und ihrem Ansehen als Heerführer bestand. Wenn nun nur an unserer Stelle 2,23 Gallus an der Spitze steht, so beruht diese Abweichung von der bei Tac. sonst eingehaltenen Reihenfolge sicher auch nicht auf Zufall; eben hiedurch wird in Verbindung mit dem erläuterten Zusammenhang die Beziehung von eos auf die zwei zuletzt Genannten für den Leser ausser Zweifel gestellt. — Wird quoque gestrichen und eos auf alle drei bezogen, so bringt man in die Stelle erst etwas Schiefes, da dann die Parenthese sich auch auf den Gallus bezöge, für den sie nach dem unmittelbar Vorhergehenden völlig müssig ist; scheidet man aber den ganzen Satz als Glossem aus, so wird dadurch abgesehen von der Willkür eines solchen Verfahrens die Darstellung verschlechtert, weil so ein vermittelndes Glied der Erzählung (1,87 nur destinati, 2,11 und überhaupt im ganzen zweiten Buch Paulinus und Celsus noch nicht erwähnt) entfernt wird, während es doch zugleich eine Eigentümlichkeit der taciteischen Darstellung ist, durch solche Parenthesen den Zusammenhang zu vermitteln, vgl. z. B. 2,18. — 54) Keineswegs entspricht daher den thatsächlichen Verhältnissen Nissens Darstellung Rh. M. 26 S. 520: „Daraufhin (Treffen bei Castores) entschliesst sich Otho das Oberkommando zu wechseln und stellt seinen Bruder Titianus als nominellen, den prät. Präf. Lic. Proculus als faktischen Oberbefehlshaber an die Spitze. So Plut. O. 7,4; Tac. mildert die Darstellung, indem er schon c. 23 des Kommandowechsels mit wenigen Worten gedenkt, sein Urteil über Proculus im Gegensatze zu den Senatsfeldherrn bereits 1,87 abgegeben hat." In wiefern Tac. die Darstellung gemildert haben soll, ist gleichfalls nicht einzusehen. — Ebenso ist die Anm. bei Heräus 2,23: „Nach Plut. O. 7 hätte er erst nach dem zunächst folgenden Gefechte das Oberkommando erhalten" dem Sachverhalte nicht vollkommen angemessen. Auch Hirzels Darstellung S. 28: utrumque (Titianum et Proculum) ante hoc proelium (ad Castores) ad exercitum missum esse Tac. c. 23 refert" ist nicht richtig; des Proc. erwähnt Tac. c. 23 überhaupt nicht, offenbar weil dieser nicht in Rom zurückgeblieben war, also damals nicht erst von Rom zum Heere berufen wurde. — 55) Demnach stellt Mommsen das thatsächlich bestehende Verhältnis nicht erschöpfend dar, wenn er H. 4. S. 305 sagt, das Gefecht am Kastorentempel bei Cremona stimme bei Plut. und Tac. genau überein, und in der Anm. unter Nebeneinanderstellung von τοῦ δὲ Καικίνα — ἀγαθοῖς ἀντεξελάσας und ferocissimos auxiliarium — Celsus sumpsere die zum Teil wörtliche Uebereinstimmung der Schlachtbeschreibung hervorhebt; richtig weist Krauss S. 12 die Mangelhaftigkeit der plutarchischen Darstellung nach. — 56) Nicht zutreffend sind in mehrfacher Hinsicht Nissens Bem. Rh. M. 26 S. 322: „Wenn die kaiserliche Partei den Umstand betont (nämlich bei Plut.), man dürfe die Ankunft des Vitellius nicht abwarten, so übergeht Tac. dies nicht mit Recht; nach seiner eigenen Darstellung war das Hauptheer wirklich im Anzuge 1,61; 2,57. Die Rede des Paulinus c. 32, die er voranstellt und weiter ausführt, trifft in verschiedenen Stücken nicht das Richtige. Das Schlimmste bleibt freilich, dass dadurch jedes wirkliche Verständnis der Vorgänge ausgeschlossen wird." Von dem hiegegen schon Bemerkten abgesehen, steht der Bericht des Tac. über den schon begonnenen Zug des Vitellius nach Italien 1,61 und 2,57 sicher durchaus nicht im Widerspruche mit seiner eigenen Darstellung der Verhandlungen zu Bedr.; denn von jenem Beginnen des Vit. konnte wohl der Historiker nachher Kenntnis haben, nicht aber damals schon Paulinus. Sachlicher Begründung entbehrt demnach auch die Behauptung, mit der Nissen S. 520 seine Erörterung der Berichte über den Kriegsrat eröffnet: „Plut. O. 8. 9 giebt uns den unverfälschten Bericht der Quelle in genügender Ausführlichkeit, um die Manipulation klar aufzudecken, welche Tac. sich mit derselben erlaubt hat." (Vgl. über Plut. c. 9 auch S. 46 u. 55 ff.) — 57) So sagt Heräus (ähnlich Orelli, Hagge S. 19): „Wenn Su. Paulinus den Pofluss für ein Bollwerk der ganzen Stellung erklärt, so setzt er dabei natürlich stillschweigend den Rückzug hinter die Polinie voraus, was eben für den Fall der von ihm aufs wärmste befürworteten Methode des Zauderns und Hinhaltens als eine der ersten Massregeln eintreten musste." — 58) Man kann daher Mommsen H. 4 S. 309 nicht beistimmen, nach welchem Tac. seine Erzählung c. 34 in einer Weise abgebrochen hätte, dass bei ihm der Bericht von dem Anfang des nächsten Gefechtes in der Luft hinge. — 59) Bezüglich der Worte ἐνθεμένων — ἀνάπλεων scheint für die meisten Herausg. und Erkl. Xylanders unrichtige Auffassung (Lat. Uebers. der vitae par. Die Vorrede datiert von Heidelberg 1560) bestimmend zu sein; er selbst kam hiezu wohl durch das taciteische faces iaculabantur, wie seine Bem. am Schlusse dieser Biogr.: Ceterum ego Taciti verbis aliquotiens hic usum usus, ut ostenderem videri mihi ex illo translata vermuten lässt. Seine Uebers.: faces pice ac sulfure plenas in id (= opus hostium) iaculabantur behielt noch Doehner in der Ausg. bei Ditot. Paris 1847 unverändert trotz seines Textes δᾷδα; Reiske (Lipsiae 1776 B. V) behält das handschriftlich überlieferte ὅπλα bei, statt dessen mit Recht allgemein nach Solanus πλοῖα in den Text aufgenommen wurde, schreibt aber δᾷδας — ἀνάπλεω und gibt dann ein Uebers.: faces sulfure et pice illitas iniiciunt, während er nachher in den Annot. erklärt: Scutis pice et sulfure refertis imponebant faces ardentes, tum scuta illa permittebant fluvio secundo, qui celeriter illa scuta ad pontem Vitellianum detulit. Campe (24. Bdch. der deutschen Uebers. Stuttg. 1859) übersetzt: „Als ihnen dies nichts half, warfen sie Fackeln von Schwefel und Pech in Schiffe, welche mittelst der Strömung flussabwärts gehen sollten ...." und begründet in einer Anm. die vorgenommene Veränderung unter Verweisung auf Tac. h. 2,34 mit der Unklarheit der plut. Erzählung. Auch in

Ed. Eyths erst nach Abschluss meiner Arbeit mir zugänglich gewordenen Uebers. (Stuttg. 1871 Lief. 52) heisst es noch: „Als sie nichts ausrichteten, legten sie Fackeln mit Schwefel und Pech in ihre Kähne, und ein Wind, der sich plötzlich an dem Uebergangspunkt erhob, fing an, das Feuer aus dem hergerichteten Brennmaterial gegen die Feinde auszuwerfen." Dagegen wird nachher $ταραττόμενοι$ u. s. w. richtig auf die Othonianer bezogen. Krauss sagt S. 8 und 13: naves pice et sulfure completas ab Othonianis ponti immissas esse dicit; $δᾳδα$ ist hiebei gar nicht berücksichtigt. — 60) Krauss erklärt S. 13 die Beziehung der Worte $καπνου$ — $παρεῖχον$ für zweifelhaft; wenn aber das folgende $οἱ δὲ Γερμανοί$ ... die Bez. auf die Othonianer nahe lege, so sei unglaubhaft: illos suas naves vertendo alio direxisse. Allein $ναῦς ἀνέτρεπον$ heisst nicht naves alio vertebant. — 61) Demgemäss ist Mommsens Ausführung H. 4 S. 309, auf die sich Nissen Rh. M. 26 S. 514 ohne weiteres bezieht, mit dem wirklichen Sachverhalte nicht vereinbar: „.... Hier bricht Tac. ab; Plut. fährt fort, dass die Geschosse der Othonianer nichts gefruchtet hätten; sie hätten aber darauf durch Brander die Schiffbrücke angezündet und die Gegner mit Verlust und Schimpf zurückgetrieben. Offenbar ist dies bei Tac. weggelassen, und steht somit, wohl durch seine, nicht durch der Abschreiber Schuld, der Bericht von dem Anfang dieses Gefechts bei ihm in der Luft" — eine Erkl., welche nun auch Heräus 3. Aufl. zu iaculabantur 2,34 aufgenommen hat. Ebenso urteilt Clason (Plut. u. T. S. 29) über Plut. Darstellung unrichtig: „Plutarch hat die Parteien verwechselt, wodurch der Sieg der Germanen über die Gladiatoren als ein ungereimtes Anhängsel erscheint." Clason selbst nahm dann bald nachher in seiner späteren Schrift Tac. und Sueton S. 96 Mommsens Auffassung an, aber Lange pflichtet S. 24 ohne weiteres noch jener früheren Aufstellung bei: „Velut O. 10 eum partes confudisse iam Clason ostendit ... Nam si rectum esset, quod Plut. tradit, Vitellianos superatos esse ($ταραττόμενοι$ — $παρεῖχον$) certe ea, quae sequuntur ($οἱ δὲ Γερμανοί$ — $οὐκ ὀλίγοις$) sententiam prorsus ineptam praeberent"; ja er fügt in der Anm. 52 hinzu: „Sane Mommsen hoc, quamquam satis perspicuum est, non intellexit. H. 4 S. 309." — 62) Vor allem sind im folgenden die von Mommsen H. 5 S. 166 erhobenen Bedenken zu berücksichtigen, welche auch Heräus mit einer kleinen Modifikation aufgenommen hat; im ganzen das nämliche war schon früher von Mannert, Geogr. der Griechen und Römer Bd. 9 1. Abt. S. 153, dann von Hagge S. 20 und von K. Peter 3. Bd. 2. Abt. 1. Aufl. 1869 S. 28 geltend gemacht worden. — 63) Heräus bemerkt zu petebant 2,40: „Das Imperf. steht, weil sie in Wirklichkeit soweit gar nicht kamen." Allein dies läge hier schon in der Bedeutung des Verbums petere an sich; diese Zeit drückt vielmehr das gleichzeitige Fortdauern des mit petere Ausgesagten während der nachher erzählten Vorgänge aus. — 64) Der Sache nach gelangt Krauss S. 47 zu dem nämlichen Resultate, aber seine Erkl. für inde scheint mir sprachlich unhaltbar: „Puto enim inde ad participium profecti paulo ante collocatum referendum esse, et eum locum significari, quo tum advenerat exercitus, cum de itinere consultaretur, utrum longius procederet an ibi maneret et castra poneret." Allein es fehlt eben bei profecti jede Ortsbestimmung, auf die inde wirklich bezogen werden könnte. — 65) Bei dem dargelegten Sachverhalte trifft folgende Darstellung Mommsens a. a. O. nicht zu: „Gegen den Widerspruch der tüchtigsten Führer wurde der Marsch nach der 16 M. entfernten Mündung der Adda in den Po unternommen. So berichtet Tac.; dieser Marsch ist in keiner Weise verständlich. Die Addamündung liegt etwa 6 M. westlich von Cremona; wenn also die Othonianer 4 M. westlich

Bedr. lagerten, also 16—18 M. östlich von Cremona, so konnten sie nicht, wie Tac. sagt, mit einem Marsche von 16 M. an ihr Ziel gelangen." — 66) Damit fällt auch Mommsens Einwand gegen Tac.: „Dies (dass die Vit. nur 4, die Oth. dagegen 16 M. bis zum Schlachtfelde zu marschieren gehabt hätten) passt nicht bloss wenig zu der Entfernung Cremonas von der Addamündung, die beträchtlich mehr als 4 M. beträgt . . ." Ebenso wenig zu billigen ist eine Bem. bei Heräus 3. Aufl. S. 172: „Die Feldherrn Othos konnten nicht wissen, wo der Feind, der in seinen an die Mauern Cremonas angelehnten festen Lager stand, einem solchen Flankenmarsch zuvorkommen werde. Wohl aber ist diese Meilenzahl verständlich, wenn sie einem militärischen Berichte über den beabsichtigten Vormarsch gegen Cremona und die Stellung der kämpfenden Parteien am Schlachttage entnommen ist und die Angabe über Cremonas Entfernung vom Schlachtfelde enthält." In Wirklichkeit legt Tac. den Feldherrn hier nicht etwa eine Aeusserung in den Mund, die sie selbst damals vor dem Ausgang der Sache gar nicht machen konnten. — 67) Mit Unrecht sagt daher Mommsen, soweit seine Bem. den Tac. selbst treffen: „Aber noch viel anstössiger als diese mit den Oertlichkeiten unvereinbare Distanzangabe bei Tac. ist das Marschziel selbst. Der Weg von Bedr. nach der Addamündung führt über Cremona; die Othonianer musaten also, um jene zu erreichen, wo nicht durch das feindliche Hauptquartier, doch um dasselbe im Bogen herummarschieren, und man weiss kaum, was dabei unbegreiflicher ist, der militärische Plan als solcher, wobei eine ihr Gros noch erwartende Armee die Verbindungen mit demselben aufgibt, um sich hinter der feindlichen aufzustellen, oder die Berichterstattung, die bei der Schilderung eines solchen Marsches des dazwischen liegenden Cremonas gar nicht gedenkt." — 68) Damit erledigt sich ein weiterer Einwand Mommsens: „Vor allem leuchtet ein, dass bei einem derartigen Flankenmarsch der Oth. die Vit. nicht gewartet haben würden, bis jene an der Addamündung angelangt wären, sondern sie auf dem Marsche selbst von Cremona aus in die Flanke genommen haben würden." — 69) So ist nicht begründet, was jetzt Peter in der neuesten Aufl. S. 385 A. bemerkt, „Warum Tac. nicht Cremona, sondern die Mündung der Adda zur Bestimmung der Richtung des Marsches der Oth. nennt, ist schwer zu sagen; als wirkliches nächstes Ziel kann sie deswegen nicht wohl angesehen werden, da die Oth. wenigstens auf direktem Wege nicht dahin gelangen konnten, ohne Cremona zu passieren." — 70) Daher ist auch Mommsens Endurteil nicht zu billigen: „Man wird also Tac. nicht davon freisprechen können, hier einen militärisch unverstandenen und unverständlichen Bericht vorgetragen zu haben, der einer wesentlichen Korrektur bedarf." — 71) So Mommsen S. 166: „Plut. in seiner sonst genau übereinstimmenden Erzählung (O. 11) gibt gar nur 100 St. = 12½ M. (nämlich statt der 16 M. bei Tac.) an, die die Oth. zu marschieren haben würden, um zum Schlagen zu kommen; das Ziel des Marsches bezeichnet er nicht." — 72) Wenn Mommsen H. 5 S. 162 A. 2 diese Angabe des Plut. ohne weitere Begründung als ein Versehen desselben bezeichnet, so kann man ein solches Verfahren schon deshalb nicht als berechtigt anerkennen, weil Mommsen selbst die zweite Entfernungsangabe des Plut. (die 100 St.), wiewohl sie nach seiner Auffassung auch nicht mit der bei Tac. stimmt, doch nicht im geringsten anzweifelt und sie sogar zur Begründung seiner Ansicht benützt, Tac. habe das letzte Marschziel mit dem Ziel des Tagemarsches verwechselt; vgl.: „Die 16 M. des Tac. lassen sich füglich auf das beabsichtigte Ziel des Tagemarsches beziehen, die 12 des Plut. auf das wirkliche Schlachtfeld, wo die auf der postumischen Strasse einander entgegenmarschierenden Armeen handgemein wurden." Man kann aber konsequenter Weise nicht die erste Angabe des Plut. kurzweg als irrig bezeichnen und dann zugleich der zweiten ohne nähere Begründung mehr Gewicht beilegen. Abgesehen davon geht eine so einfache Abfertigung jener ersten Angabe auch deshalb nicht an, weil Plut. selbst jene Gegenden besuchte (O. c. 14) und daher zu Erkundigungen an Ort und Stelle Gelegenheit hatte. — 73) Orelli gibt zu a parte alia nach Duebner die unrichtige Bem.: „in sinistro cornu Othon." — 74) Hagge erklärt S. 23 die Stellung der Truppen im ganzen ebenso, nur weist er mit Unrecht die quartadecumani dem Centrum zu. — 75) Ruperti, Orelli, Heräus sehen hier nur eine Verweisung auf den c. 35 erzählten Kampf, ebenso Clason und noch neuestens Lange S. 23; dagegen versuchen nach Mommsen H. 4 S. 305 und 306; 5, S. 168 die Gladiatoren nach Ueberschreitung des Po in den Kampf bei Cremona einzugreifen, eine Erkl., die auch Krauss S. 49 verteidigt. — 76) Mit Recht macht Krauss geltend, man müsste sonst nach dem Verfahren des Tac. eine Bem. wie ut supra memoravimus erwarten, ferner könnten die Bataver nicht wegen eines schon längere Zeit vorher erfochtenen Sieges in solcher Weise victores genannt werden. — 77) Mit Unrecht sagt also Mommsen H. 4 S. 306, Plut. habe in dem Gefechte der Glad. und der Bat. die Rollen der Angreifer und der Angegriffenen verwechselt; auch lässt sich nicht mit Krauss S. 5 behaupten, es hätte sich nach der Erzählung des Plut. Alfenus gegen die Glad. gewendet, als ob diese unter den übrigen Truppen in der Schlachtlinie der Oth. bei Cremona gestanden wären. Ferner erweist sich als unrichtig Clasons Ansicht (Plut. und T. S. 63 A. 1): „Plut. hat in Folge seiner Flüchtigkeit nicht bemerkt, dass Tac. hier auf den schon erzählten Kampf zwischen den Glad. und Bat. hinweist; er glaubt vielmehr einen zweiten vor sich zu haben" eine — Behauptung. welche auch Lange S. 23 u. 63 als erwiesen annimmt, ohne aber irgendwie darzuthun, dass man jene Stelle des Tac. 2,43 wirklich so verstehen müsse, wiewohl sie doch auch schon ganz anders aufgefasst wurde, z. B. von Mommsen a. a. O. oder Crevier S. 224. — 78) Ungenau sagt Hirzel S. 32.: „auxilium recens Vari Alfeni cum Batavis accurrentis (c. 43) etiam Plut. c. 12 fin. affert"; dass Plut. diesen Punkt gar nicht berührt, ist gerade für seine Darstellung charakteristisch. — Nicht zutreffend ist hinsichtlich Plut. erklärender Beifügung zu Βατάβους Nissens Bem. (Rh. M. 26 S. 505: „Es handelt sich im vorliegenden Falle um bat. Koh., was Plut. für Reiterabteilungen anzusehen scheint und in Betr. der Reiterei standen gerade die Bataver anderen deutschen Stämmen nach (Tac. Germ. 32). Er bemerkt auch gar nicht, dass hier die nämlichen Truppen gemeint sind, von denen er c. 10 als Γερμανοί erzählt hat"; — auch Lange stimmt S. 24 A. 49 Nissen bei. Allein Tac. sagt Germ. 32 keineswegs, wie man nach Nissens Zitat erwarten sollte, dass gerade die Bataver hinsichtlich der Reiterei anderen nachstanden, vielmehr heisst es dort nur von den Tencteri, sie besässen als Reiter ungewöhnlich grossen Ruf, während die Bataver in jenem ganzen Kap. gar nicht erwähnt werden. Dagegen hebt Plut. die Bataver in der That als besonders tüchtige Reiter vor, z. B. hist. 4,12: erat et domi delectus eques praecipuo nandi studio, arma equosque retinens integris turmis Rhenum perrumpere; Plut. kann daher die Bataver mit Recht als sehr tüchtige Reiter der Germanen bezeichnen. Im Gegensatze zu der weiteren gleichfalls unberechtigten Annahme Nissens muss es als eine bemerkenswerte Aehnlichkeit in der Darstellung beider Schriftsteller erscheinen, dass Tac. c. 35 u. Pl. c. 10 die vitellianischen Truppen als Germanen bezeichnen, während sie später wieder in gleicher Weise von Batavern sprechen. — 79) Während man zur Erkl. von 3,2: „quod Pannonicae legiones deceptae magis quam victae resurgere in ultionem properent" allgemein auf 2,42 verweist, z. B. Heräus: „deceptae bezieht sich auf das 2,42 berichtete Missverständnis in der Schlacht bei Bedr., welches für die Othonianer so unheilvoll wurde," ist es nach der Darstellung des Tac. durchaus nicht dieses Vorkommnis, das die unheilvolle Wendung des Kampfes herbeiführt. Die richtige Erkl. für deceptae magis quam victae ergibt sich aus den schon früher (s. S. 20 ff.) dargelegten Verhältnissen hinsichtlich der pannonischen Legionen. Von diesen hatte in der Schlacht nur die 13. mitgekämpft; die später eingetroffene 7. Galbiana wurde aber in die Folgen der Niederlage, den Übertritt zu Vitellius, gleichfalls mit hineingezogen. Mit Bezug hierauf kann es von den pann. Legionen in ihrer Gesamtheit ganz treffend heissen: deceptae magis quam victae. — 80) Herm. Haupt bemerkt in der Rez. von Langes Schrift (Phil. Rundschau 1881 S. 956): Endlich finden wir die Stelle des Tac. 2,44: Et media—petentes in folgender missverständlicher Weise bei Plut. O. c. 12 übersetzt: οὐ μὴν ἀλλὰ πολλοί γε—στρατόπεδον." Allein diese beiden Stellen können nicht so in Parallele gesetzt werden; was Plut. hier erzählt, steht mit der taciteischen Darstellung keineswegs im Widerspruch, wo es später 2,44 auch heisst: ne Vitellianis quidem incruentam victoriam fuisse. Richtig hat schon Hagge S. 23 αἴσχιστα δ' ἠγωνίσαντο πάντων οἱ στρατηγικοί . . . mit et media acie perrupta . . . in Parallele gestellt. — 81) Hier ist noch ein wegen seiner Konsequenzen besonders interessanter Fall zu besprechen. Tac. erzählt 2,41, es seien unmittelbar vor der entscheidenden Schlacht von Seite der Othonianer zwei Tribunen der Prätorianer bei Cäcina zu einer Unterredung erschienen und bemerkt dann: interruptus tribunorum sermo, eoque incertum fuit, insidias an seditionem vel aliquod honestum consilium coeptaverint. Daran knüpft Nissen Rh. M. 26 S. 523 folgende Erörterung: „Kein nachdenkender Schriftsteller wird Unterbefehlshabern, welche vor Beginn des Kampfes auf eigene Hand mit dem Feinde Verhandlungen anknüpfen, loyale Absichten unterlegen wollen. Tacitus aber ist dem Detail gegenüber ziemlich gleichgiltig und korrigiert auf gut Glück darauf los. Er erwähnt c. 66, dass Vitellius von der allgemein über die Garde verhängten Aufhebung 2 Kohorten ausgenommen hatte. Er verschweigt aber eine Nachricht, die O. 12,6 steht und in dieser Unbestimmtheit des Sinnes entbehrt, dass nämlich die Prätorianer ohne Schwertstreich vor dem Feinde geflohen seien. Man kann endlich noch die Notiz c. 44, nach welcher die Prät. über Verrat schreien (praetorianus —fremebat) hinzufügen, so gehört eben kein besonderer Scharfblick dazu um einzusehen, dass zwei Kohorten in der Schlacht im Einverständnis mit dem Feind handelten, dafür zur Belohnung nicht aufgelöst wurden, dass ferner Tac. das Faktum als unbrauchbar gestrichen hat." Diese Argumentation ist in mehrfacher Beziehung äusserst eigentümlich. Vor allem fasst Nissen die Stelle 2,66: remitti—vitarent ganz falsch auf. Hier kann sich quos—fidos nicht auf duae praetoriae coh. beziehen, sondern nur auf das unmittelbar vorhergehende Batavis. Wie dies schon grammatisch die am nächsten liegende Konstruktion ist, so wird sie auch durch den ganzen Gedankengang der Stelle gefordert; denn da diese zwei prät. Koh. mit der dem Vitellius feindlich gesinnten 14. Legion gemeinsame Sache gemacht haben, so können sie nicht als dem Vitellius treu ergeben bezeichnet werden; die Bataver hingegen waren gegen die 14. Legion aufgetreten. In der That befinden sich jene Bataverkohorten noch später unter den Truppen in der Begleitung des Vitellius, da sie erst c. 69 in Ticinum nach Germanien zurückgesendet werden. Auf diese falsche Beziehung von quos fussend stellt nun Nissen die Behauptung auf, es sei 2,66 die Ausschliessung zweier Prätorianerkohorten von der Auflösung der Garde erzählt. Allein hier ist bei Tac. von der Auflösung der Garde überhaupt noch gar nicht die Rede; 2,67 aber, wo sie wirklich erzählt wird, kommt von einer solchen Ausnahme kein Wort vor. Ebenso wird 2,93 bei dem Berichte von der Neubildung der Garde durch Vitellius keine Silbe davon gesagt, dass noch zwei Koh. der früheren Garde bestanden. Auch in Suetons Erzählung von der Auflösung der Prät. Vit. c. 10: „nihilque cunctatus, quidquid praetorianarum cohortium fuit, ut pessimi exempli, uno exauctoravit edicto iussas tribunis tradere arma" ist von einer solchen Ausnahme keine Spur vorhanden. Diese Behauptung Nissens ist also vollkommen haltlos. Endlich benützt Nissen eine Nachricht, die sich nur bei Plutarch, aber nicht bei Tacitus findet, dass nämlich die Prät. ohne Schwertstreich geflohen seien, ohne weiteres, um durch Kombination derselben mit anderen Nachrichten, aber nicht des Plutarch, sondern des Tacitus neue Schlüsse zu gewinnen. Allein weil eben nur Plutarch dies erzählt und weil seine Schlachtbeschreibung auch in anderen Punkten keineswegs den Charakter vollkommener Genauigkeit trägt, so muss man vorher jenen Bericht hinsichtlich seiner Wahrscheinlichkeit und inneren Beglaubigung prüfen, darf aber keineswegs einfach behaupten, Tacitus verschweige jene Nachricht absichtlich. Diese Prüfung kann, wie sich oben zeigte, nach allen uns zu gebote stehenden Anhaltspunkten hier nicht zu Gunsten Plutarchs ausfallen. Dass die Prät. 2,44 nach Verrat schreien, erklärt sich durch die Haltung der othonianischen Führer vollkommen; gerade der Prätorianerpräfekt Proculus wagte ja gar nicht ins Lager zurückzukehren. Von jenen zwei Prätorianertribunen 2,41 erzählt ferner Tac. keineswegs, dass sie auf eigene Hand Unterhandlungen mit dem Feinde hatten anknüpfen wollen; dies liess sich nicht entscheiden, weil die Entwicklung der Ereignisse allem zuvorkam. Uebrigens konnten sie ganz wohl von ihrem Oberbefehlshaber abgeordnet sein und Auftrag zu irgend einem honestum consilium haben, z. B. zum Abschlusse einer zeitweiligen Waffenruhe. Auf solchen Grundlagen ruhen die Schlüsse, durch welche Nissen eine ganz neue Thatsache ans Licht bringen will, dass nämlich zwei Prätorianerkohorten in der Schlacht im Einverständnis mit dem Feinde gehandelt hätten. Hievon berichtet aber kein Schriftsteller irgend etwas. Dieses Faktum soll Tacitus verschwiegen haben. Raisonnements über den Charakter der taciteischen Geschichtschreibung, die auf solche Weise begründet werden, sind natürlich ebenso unhaltbar wie ihre Voraussetzungen. — Das Merkwürdigste ist aber bei dem vorliegenden Falle, dass auch Beckurts, der gegen Nissens Behauptung bezüglich der Ausnahme zweier Koh. von der Auflösung der Garde polemisiert, jene Stelle 2,66 noch in der nämlichen Weise missversteht (S. 45) wie Nissen, wiewohl schon Dieckmann (vgl. A. 5) die Unrichtigkeit dieser Auffassung S. 21 gezeigt hat. — 82) So Ritter, Orelli, Mommsen H. 5 S. 169, Krauss S. 50; dagegen nimmt Heräus zu 2,44 und 45 noch immer das Lager ad quartum a Bedriaco an wie Merivale S. 69. — 83) Nicht möglich ist die Erkl. bei Heräus zu Bedriaci 2,44: „i. e. in castris prope Bedriacum positis (c. 39,7)", da so die Begebenheiten, von denen bestimmt gesagt ist, sie seien Bedriaci geschehen, 4 Milien davon entfernt vor sich gegangen wären. — 84) Was Krauss S. 52 dafür geltend macht, dass Tac. selbst durch seine Darstellung andeute, dass dem Kaiser damals der Abfall des Heeres schon bekannt gewesen, ist hiefür keineswegs beweisend. Wenn nämlich Tac. den Abfall des Heeres schon 2,45 den Selbstmord Othos aber nachher 2,46 ff. erzählt, so hat er c. 39—45 die Erzählung der Vorgänge bei jenem othonianischen Hauptheere bis zu einem Punkte fortgeführt, mit dem ein Abschluss eintritt, um nicht durch Einschiebung von Begebenheiten auf einem anderen Schauplatz die zusammenhängende Erzählung unterbrechen zu müssen. Ferner bezeichnen die Worte: profugi e proelio perditas res patefaciunt 2,46 nur die vollständige Niederlage des Heeres und die in Folge davon äusserst bedenkliche Lage Othos, ohne dass man darin irgend eine Andeutung von dem Abfalle des Heeres finden kann, vgl. h. 3,73 quod in perditis rebus accidit, 4,34 tamquam perditae apud Romanos res et suis victoria provenisset Othos Worte c. 47: praecipuum destinationis meae documentum habete, quod de nemine queror erklären sich vollständig aus dem Misstrauen, das er nach Tac. von anfang an gegen die Treue der Feldherrn zeigt. Endlich enthalten 2,46 die Worte: nec praetoriani tantum—victis et victoribus überhaupt nicht mehr Gedanken Othos und der Seinigen, sondern sie sind vom Standpunkte des Schriftstellers geschrieben und sagen dem Leser, was Tac. selbst auf Grund aller damals schon eingetretenen Ereignisse und nicht bloss der in Brixellum bekannten über die Möglichkeit den Krieg fortzusetzen urteilte. -- 85) So führt Mommsen H. 4 S. 311 aus, Tac. habe die alles entscheidende Erklärung der sämtlichen Offiziere und des eigenen Bruders des Kaisers verschwiegen, um Otho als freiwillig gestorben hinzustellen, um also die Katastrophe mit tragischem Pathos und mit dem Reiz des psychologischen Kontrastes austatten zu können, eine Ansicht, die auch Heräus (3. Aufl. S. 179) aufgenommen hat. Allein Plut. schildert Othos Tod unter den nämlichen Umständen wie Tac. als einen freiwilligen; auch nach ihm hat der Kaiser zur Zeit seines Selbstmordes keine Kenntnis von dem Abfalle seines Heeres. -- Ferner bemerkt Mommsen, Tac. verschweige jene Erklärung der Offiziere, um nicht die Offiziere, sondern den Kaiser selbst es aussprechen zu lassen, dass der rechte Mann, im Bürgerkriege besiegt, das Unvermeidliche annehme und nicht verschleppe; was bei Tac. 2,47 Otho selbst spreche: ne plus quam semel certemus, penes me exemplum erit, sage bei Plut. Celsus: μηδὲ Ὄθωνος, εἴπερ ἀνὴρ ἀγαθός ἐστιν, ἐθελήσοντος ἔτι πειρᾶσθαι τῆς τύχης. Aber auch Plut. lässt den Otho, und zwar ohne dass er von der Handlungsweise seiner Generale und von den Aeusserungen des Celsus Kenntnis haben kann, die nämlichen Gedanken aussprechen, vgl. c. 15: „δεῖ με τῆς ἐμῆς ψυχῆς ὑπὲρ τῆς πατρίδος ἀφειδεῖν . . . οὐ γὰρ ὁρῶ τί τηλικοῦτον Ῥωμαίοις ὄφελος ἐσομαι κρατήσας, ἡλίκον ἐπιδοὺς ἐμαυτὸν ὑπὲρ εἰρήνης καὶ ὁμονοίας καὶ τοῦ μὴ πάλιν ἡμέραν τοιαύτην ἐπιδεῖν τὴν Ἰταλίαν. — Mommsens weitere Bemerkung, auch mit Hilfe der Donautruppen und der in Bedriacum — es sollte wohl Brixellum heissen — zurückgebliebenen Bedeckungsmannschaft Othos sei wohl noch, wie dies weiterhin auch Plut. angebe, ein Hinausziehen des Kampfes möglich gewesen, aber nicht mehr eine günstige Entscheidung, steht mit der Darstellung Plut. im Widerspruch. In dem Sinne nämlich, dass Othos Sache jedenfalls verloren sei, spricht sich bei ihm wohl Celsus c. 13 aus, als er die anderen Führer von der Notwendigkeit Otho zu verlassen überzeugen will, allein diese Aeusserungen sind natürlich von dem Standpunkte des Celsus aus zu beurteilen und als der Ausdruck seiner, nicht aber Plutarchs Anschauung zu betrachten. Vielmehr müssen wir bei Plut. selbst die nämliche Ansicht von der damaligen Lage Othos voraussetzen wie bei Tac.; so lässt er c. 15 Otho sagen: „οἶδα τὴν νίκην τοῖς ἐναντίοις οὔτε βεβαίαν οὔτ' ἰσχυρὰν οὖσαν. ἀπαγγέλλουσι τὴν ἐκ Μυσίας ἡμῶν δύναμιν οὐ πολλῶν ἡμερῶν ὁδὸν ἀπέχειν ἤδη καταβαίνουσαν ἐπὶ τὸν Ἀδρίαν. — Auch Clason (Tac. u. Sueton S. 98): „Plut. aber muss Sonderberichte gehabt haben, die dem Otho feindlich gesinnt waren und daher sein Ende als ein durch die Umstände bedingtes hinstellten, obgleich das Schlussbenehmen Othos bei allen drei Autoren wiederum dieselbe Farbe, nämlich die des willigen für das Wohl der Seinen übernommenen Opfers trägt" stellt den Sachverhalt nicht richtig dar. Das Wesentliche von dem, was nach der gewöhnlichen Ansicht Othos Selbstmord als einen durch die Umstände bedingten hinstellen soll, erzählt ja Tac. ebenfalls, nämlich den Abfall des ganzen Heeres in Bedr., wozu auch die dort anwesenden Führer gehören, und zwar an der gleichen Stelle der Erzählung wie Plut., also muss auch er diese Berichte gekannt haben. Eben der Vergleich mit Plut. beweist, dass sich des Tacitus Darstellung von Othos Selbstmord nicht geändert hätte, auch wenn er wie Plut. die Details über den Abfall des Heeres in Bedriacum erzählt hätte, weil diese beiden Vorgänge nach den örtlichen und zeitlichen Verhältnissen nicht in einem direkten kausalen Zusammenhange stehen konnten. — 86) Krauss betrachtet S. 34 die Erzählung des Zonaras (ep. hist. XI, 15 εἶτα ἔπεμψεν Ὄθων— ἤγγειλε ταῦτα ἱππεύς) als einen Beweis dafür, dass Otho auch den Abfall des Heeres schon erfahren hatte. Aber ehe auf Zonaras allein entgegen dem Berichte der übrigen Quellen eine solche Annahme begründet werden kann, ist eine Prüfung des Charakters seiner ganzen Erzählung notwendig. Da begegnen uns jedoch die bedenklichsten Widersprüche. Während es anfangs heisst, Otho sei διὰ πολυαρχίαν οὐ δι᾽ ἀσθένειαν unterlegen, wird wenige Zeilen nachher erzählt, Soldaten und Feldherrn hätten, als sie Othos Untüchtigkeit im Kriege erkannt, beim Kampfe in keiner Weise ihre Pflicht gethan und seien so besiegt worden. Allein bei der Schilderung von Othos Tod wird dann nachher dennoch die Anhänglichkeit der Truppen an die Person des Kaisers mit ebenso lebhaften Farben geschildert wie bei den anderen Schriftstellern (πιστευσάντων— ἀποθανούμεθα). Auch sonst sind des Zonaras Nachrichten in diesem Abschnitte mangelhaft: so übertrug Otho nicht dem Proculus allein den Befehl über einen Teil seiner Streitkräfte. Da nun auch bei Zonaras nur die Beziehung von ἤγγειλε ταῦτα auf ἡττήθησαν καὶ τοῖς τοῦ Οὐιτελλίου ἐπεχηρείσαντο καὶ ἀνεμίχθησαν σφίσι diese Thatsache ergeben würde, so kann bei der eben erörterten Beschaffenheit seines Berichtes hierin nicht ein genügender Beweis für eine Thatsache erkannt werden, welche mit der Erzählung der übrigen Quellen im Widerspruche stände. — 87) Es entspricht also Mommsens Bem. H. 4 S. 311 A. 1: „Aber das 'Heer' hatte seinen Frieden gemacht und die den Kaiser zum Schlagen drängten, waren die Soldaten der Stabswache" —· auch von Heräus 3. Aufl. S. 181 aufgenommen — nicht dem Sachverhalte. — 88) Wenn Mommsen H. 4 S. 312 A. ausführt, es solle keineswegs geleugnet werden, dass eine ähnliche Tendenz auch schon in seiner (des Tac.) Quelle sich gefunden habe, wie denn diese Steigerung der That Othos von einer gezwungen freiwilligen zu einer wahrhaft freien schon vor Tac. bei Martial erscheine und auch die suetonische, ja selbst die plutarchische Darstellung davon die Spuren zeige, so erhält man dadurch keine richtige Vorstellung von dem thatsächlichen Verhältnisse. Man lese nur Suet. O. c. 9: „Ac statim moriendi impetum cepit, ut multi nec frustra opinantur, magis pudore ne tanto rerum hominumque periculo dominationem sibi assererre perseveraret, qnam desperatione ulla aut diffidentia copiarum; quippe residuis integrisque etiam nunc quas secum ad secundos casus detinuerat et supervenientibus aliis e Delmatia Pannoniaque et Moesia, ne victis quidem adeo afflictis, ut non in ultionem ignominiae quidvis discriminis ultro et vel solae subirent"; — bedenken wir nun noch, dass Sueton den Abfall des Heeres in Bedr. überhaupt gar nicht erwähnt, und fragen uns dann, was sich als Suetons eigene Ansicht aus seinen Worten ergibt, so liegt doch bei ihm die Darstellung des Todes Othos als eines freiwilligen ganz glatt und einfach in Wirklichkeit vor, nicht aber zeigen sich hier nur die Spuren einer solchen Darstellung. Bezüglich Mommsens weiterer Bem., es werde, wenn Tac. auch die Färbung in seiner Quelle schon vorgefunden, die Othos Tod als einen freiwilligen hingestellt, der Vorwurf stehen bleiben, dass er dieser zu liebe die Zeichnung nicht positiv, aber durch Weglassen wesentlicher Züge entstellt habe, vgl. den Schluss von Anm. 85. — Die hinsichtlich dieses Punktes erörterte Sachlage ermöglicht auch die Beurteilung einer von den Kritikern angefochtenen und jetzt in fast allen Ausgaben emendierten Stelle Tac. h. 2,55: ut cessisse Othonem ... certi auctores in theatrum adtulerunt, Vitellio plausere. Weil cedere nicht in dem Sinne von sterben gebraucht werde, schrieben Ritter (Heräus), Nipperdey und Gantrelle concessisse, Petersen cecidisse (von Halm und jetzt auch von Heräus in den Text aufgenommen). Wölfflin bemerkt hierüber Philol. 26 S. 116: „Unter solchen Umständen wird für den Selbstmörder besser passen, was Petersen vorgeschlagen, cecidisse coll. hist. 4,51 cecidisse Vitellium nuntiavere, 4,49 cecidisse Galerianum." Allein von den zwei hier als Beleg angeführten Stellen passt 4,51 ohne Zweifel gar nicht hieher, da Vitellius überhaupt nicht durch Selbstmord seinen Tod fand. Wer die Schilderung seines Endes h. 3,84 und 85 mit der von Othos Tod vergleicht, und noch an 2,31: Sane ante utriusque exitum, quo egregiam Otho famam, Vitellius flagitiosissimam meruere ... denkt, wird 4,51 vielmehr als einen Beleg gegen jene Konjektur ansehen müssen; denn da die Wahl möglichst bezeichnender Ausdrücke eine Haupteigentümlichkeit der Sprache des Tacitus ist, so hat eine Konjektur keine Wahrscheinlichkeit, die ihn von dem Tode des Vitellius und des Otho in den gleichen Ausdrücken sprechen lässt, während doch Tac. selbst gerade das Ende dieser beiden Männer als so wesentlich verschieden hinstellt. Die zweite Stelle h. 4,49 führen auch Gerber und Greef im Lex. Tac. unter der Rubrik de norte voluntaria an. Tac. berichtet jedoch 4,11 über den Tod des Galerianus: plurimum terroris intulit caedes Calpurnii Galeriani ... iussu Muciani custodia militari cinctus ne in ipsa urbe conspectior mors foret, ad quadragensimum ab urbe lapidem Appia via fuso per venas sanguine extinguitur; hier wird offenbar nicht ein freiwilliger Selbstmord des Galerianus erzählt, sondern seine gewaltsame Ermordung, was auch der unmittelbar nachfolgende Gegensatz: Julius Priscus se ipse interfecit beweist. Es wird also auch hier cadere nicht·von freiwilligem Tode gebraucht, und das treffliche Lex. Tac. bedarf hinsichtlich dieser Stelle 4,49 der Berichtigung. Gerber und Greef führen de voluntaria morte noch ann. 1,43 an, wo Germanicus in der glänzenden Schilderung des Aufstandes der germanischen Legionen ruft: melius et amantius ille qui gladium offerebat. cecidissem certe nondum tot flagitiorum exercitui meo conscius. Aber hier beruht der Gebrauch dieses Wortes auf dem gewaltigen Pathos, das die ganze Rede des Germanicus durchdringt; es liegt der Vergleich mit dem Tod auf dem Schlachtfelde zu grunde, wie es z. B. h. 3,68 von dem gewaltsamen Ende des Piso und Galba heisst: Piso et Galba tamquam in acie cecidere; daher kann man sich für unseren Fall nicht auf ann. 1,43 berufen. In allen übrigen Stellen, wo cadere von einem Selbstmorde gebraucht wird, steht es nie allein, sondern in Verbindung mit sua manu (ann. 3,42; 4,30; 6,39; 15,71) oder voluntario exitu ann. 6,40; dazu kommt noch ann. 1,55 sed Varus fato et vi Arminii cecidit. Dagegen gebraucht Tac. cadere in dem Sinne: ein gewaltsames Ende durch fremde Gewalt finden entweder allein wie h. 4,49 und 51, ann. 16,17 oder mit einer näheren Bestimmung, wie ann. 2,71: Germanicum muliebri fraude cecidisse. Durch die Konjektur cecidisse wird also h. 2,55 der handschr. Ueberlieferung gegenüber nichts gewonnen. Hingegen wird cessisse Othonem durch den Zusammenhang der Erzählung des Tac. vollkommen erklärt und gerechtfertigt. Es heisst dies für sich allein genommen wörtlich überhaupt nicht: dass Otho tot sei, sondern nur: dass Otho den Platz geräumt habe. Aus dem Zusammenhange weiss jedoch der Leser ohne weiteres, was damit eigentlich gemeint sei. Die Ausdrucksweise entspricht aber vollkommen der Auffassung des Tac. von dem Tode Othos, da nach 2,46—50 Otho durch seinen Selbstmord freiwillig vor seinem Gegner das Feld räumt und dadurch, soviel an ihm liegt, weiteres Blutvergiessen verhindert. Wenn Wölfflin a. a. O. bemerkt, excessisse, welches Tac. von dem Hinscheiden hochstehender Männer gebrauche, wäre an unserer Stelle nicht passend, weil darin nach dem Stil des Tac. zuviel Lob für Otho läge, als sich mit h. 2,50 vertrage, so darf man auf der anderen Seite auch nicht übersehen, dass Tac. gerade von dem Tode Othos sicher nicht einen denselben irgendwie herabsetzenden Ausdruck gebraucht haben wird; so bezeichnet er ihn 2,50 als egregium facinus. Tac. gebraucht cedere auch sonst ohne weitere Bestimmung in ähnlicher Weise wie 2,55, vgl. h. 3,66: Quod 'si tam facile suorum mentes flexisset Vitellius quam ipse cesserat, incruentam urbem Vespasiani exercitus intrasset; hier kann zu cedere nichts aus dem Vorhergehenden ergänzt werden, es hat wie 2,55 die Bedeutung: den Platz, das Feld räumen, aus dem Zusammenhange weiss aber der Leser, worauf sich dies bezieht. Ueberhaupt bietet diese Stelle eine vollständige Parallele zu h. 2,55: was Otho durch freiwilligen Tod gethan hatte, das hatte Vitellius durch freiwillige Abdankung versucht. — 89) Unbegründet sind daher folgende Behauptungen Nissens, der S. 546 beweisen will, der jüngere Plinius habe bei der Herausgabe des Geschichtswerkes seines Oheims eine redigierende Thätigkeit geübt, manchen Tadel gemildert und manche unliebsame Mitteilung vertuscht: „So wird z. B. V. Spurinna, zu dem Plinius nach dem erhaltenen Briefwechsel in näheren Beziehungen stand, bei Plut. O. 5, 3. 5; 6, 1. 2; 7, 1 noch mehr als bei Tac. 2, 11. 18 ff. 36 nur mit Lobsprüchen bedacht und bezeichnender Weise verschwindet sein Name aus der Erzählung von der Schlacht bei Bedr. und der nachfolgenden Kapitulation gänzlich." Das letztere beruht einfach darauf, dass des Spurinna auf dem südlichen Poufer stehende Abteilung (Tac. 2,36) an der Schlacht auf dem nördlichen Ufer nicht teilnahm, und ferner Spurinna selbst nicht zu den Oberbefehlshabern gehörte, weshalb er leicht begreiflicher Weise bei dem Abfall der Truppen zu Vitellius keine besondere Rolle spielte. — 90) Durchaus unrichtig schreibt also Nissen Rh. M. 26 S. 516: „Als leitenden Grundsatz für die Partie, welche durch die plutarchischen Biographien kontroliert wird, kann man angeben, dass Tac. den Otho weit ungünstiger beurteilt als sein Vorgänger (d. h. die von Plut. getreuer wiedergegebene gemeinschaftliche Quelle) . . . Man darf nun zwar nicht die vielen Lobsprüche, welche Plut. seinem Helden erteilt, (!) auf die Quelle ohne weiteres übertragen; denn dem milden Hellenen ging alles schärfere Verständnis für die Tragweite der Begebenheiten ab und vollends hier scheint er durch den nach antiken Begriffen von wahrhaft edler Gesinnung zeugenden Tod des Kaisers gänzlich bestochen zu sein." (!) Nissens weitere Behauptung, Tac. habe die feindliche Haltung des Adels und der adeligen Senatspartei zu verhüllen gesucht, hat schon Beckurts S. 32 ff. genügend widerlegt. — Uebrigens macht Nissen in der That oft sonderbare Gesichtspunkte geltend, z. B. S. 516: „Zu dem prinzipiellen Gegensatz, der sich hieraus (aus der aristokratischen Sinnesart des Tac.) ergab, kam für Tac. noch ein persönlicher Grund der Abneigung gegen Otho hinzu: die Flottenmannschaft des letzteren hatte die Mutter Agricolas erschlagen und ihre Güter verwüstet." Was gibt uns denn das Recht zu behaupten, Tacitus habe als Historiker einen Kaiser und seine Regierung von diesem kleinlichsten und engherzigsten Standpunkt aus beurteilt, den man sich überhaupt denken kann? — Da Mommsen H. 4 S. 312 A. unter anderem bemerkt, alle Auffassungen der Katastrophe Othos seien in ein schiefes Licht gebracht und darauf zugestellt, einen sehr gemeinen Akt der Desperation zu einer ungemein historischen Aktion zu steigern, so sei schliesslich noch auf einen charakteristischen Unterschied zwischen Tac. und Plut. in der Schilderung von Othos Handlungsweise hingewiesen. Bei Tacitus will Otho 2,47 vor allem nicht von neuem das Leben seiner Getreuen opfern; dies ist als sein Hauptbeweggrund durchaus in den Vordergrund gestellt, besonders am Anfang und am Schlusse seiner Rede. Auch wo des Staates im allgemeinen gedacht wird, geschieht es in Verbindung mit dem Gedanken an die Erhaltung seiner Getreuen (vgl. an ego tantum Romanae pubis, tot egregios exercitus sterni rursus et reipublicae cripi patiar?). Wenn nun auch Plutarch den Otho c. 15 von dieser Rücksicht auf die Seinen gleichfalls sprechen lässt, so betont er doch bei ihm unter seinen Beweggründen schon viel nachdrücklicher die allgemeineren und höheren Gesichtspunkte ganz für sich allein, vgl. $\delta\epsilon\tilde{\iota}$ $\mu\epsilon$ $\tau\tilde{\eta}\varsigma$ $\dot{\epsilon}\mu\tilde{\eta}\varsigma$ $\psi v\chi\tilde{\eta}\varsigma$ $\dot{v}\pi\dot{\epsilon}\varrho$ $\tau\tilde{\eta}\varsigma$ $\pi\alpha\tau\varrho\acute{\iota}\delta o\varsigma$ $\dot{\alpha}\varphi\epsilon\iota\delta\epsilon\tilde{\iota}\nu$ ... $\dot{\alpha}\mu\varphi\acute{o}\tau\epsilon\varrho o\iota$ $\tau\dot{\eta}\nu$ $\pi\alpha\tau\varrho\acute{\iota}\delta\alpha$ $\varkappa\alpha\dot{\iota}$ $\nu\iota\varkappa\tilde{\omega}\nu\tau\epsilon\varsigma$ $\dot{\alpha}\delta\iota\varkappa o\tilde{v}\mu\epsilon\nu$ $\varkappa\alpha\dot{\iota}$ $\nu\iota\varkappa\acute{\omega}\mu\epsilon\nu o\iota$. So ist gerade die Darstellung des Tac. die massvollere; denn dass Otho in jenem Augenblicke, wo ihm Beweise der treuesten Hingebung von Seiten der Seinigen zu teil wurden, nicht von dem Gefühle völliger Verzweiflung, sondern von einer gewissen Scheu bewegt wurde, noch weiterhin seine Getreuen zu opfern, da er doch zugleich fühlte, er selbst besitze nicht die Kraft, die Seinigen zum Siege zu führen, das ist menschlich recht wohl erklärlich, besonders bei dem Charakter Othos, dem mehr schwächliche Weichheit (2,38 ignavia) eigen war als rücksichtslose Energie. Hingegen kann man mit viel grösserem Rechte in Othos Rede bei Plutarch eine übertreibende Steigerung seiner Handlungsweise „zu einer ungemein historischen Aktion" finden. — 91) In dieser Hinsicht bieten Merivale S. 65, 66, 68 und Hertzberg S. 283, 284 ganz falsche Darstellungen. — 92) Beachtet man alle von Tac. berichteten Momente, so ergibt sich die Unrichtigkeit der Behauptung Nissens Rh. M. 26 S. 524, Tac. habe konsequent die gegen Otho unzuverlässige verräterische Haltung des Adels getilgt; freilich fasst Tac., wie ich später zeigen wird, die Vorgänge nach der Schlacht nicht als Verrat auf. Ebenso entspricht Hirzels Bem. S. 32: „Tacitus ducum opera praetermissa ad voluntatem exercitus Othoniani omnia refert" nicht dem wirklichen Sachverhalte, vgl. 2,44. Ueberhaupt muss man daran festhalten, dass wir über die wesentlichen Vorgänge bei Plut. keinen anderen Bericht haben als bei Tac., vgl. z. B. Pl. c. 13: $\dot{\epsilon}\pi\epsilon\dot{\iota}$ $\delta\dot{\epsilon}$ $\pi\epsilon\iota\varrho\acute{\omega}\mu\epsilon\nu o\iota$ $\tau o\grave{v}\varsigma$ $\sigma\tau\varrho\alpha$-$\tau\iota\acute{\omega}\tau\alpha\varsigma$ $\dot{\epsilon}\acute{\omega}\varrho\omega\nu$ $\epsilon\dot{\iota}\varrho\acute{\eta}\nu\eta\varsigma$ $\delta\epsilon o\mu\acute{\epsilon}\nu o\upsilon\varsigma$ mit Tac. 2,45: postera die haud ambigua Othoniani exercitus voluntate et qui ferocivres fuerant ad paenitentiam inclinantibus missa legatio; man kann daher, wenn Mommsen H. 4 S. 310 behauptet, der Bericht des Tac. über die Vorgänge bei dem Heere des Otho nach der Schlacht sei unklar und eigentlich falsch, das letztere entschieden nicht zugeben. — Bezüglich der Vorgänge unmittelbar nach der Schlacht ist noch ein Punkt zu bemerken. Plut. erzählt von Gallus, der die Fliehenden in Bedr. aufnimmt, c. 13: ... $\varkappa\alpha\dot{\iota}$ $\pi\alpha\varrho\epsilon\mu\upsilon\vartheta\epsilon\tilde{\iota}\tau o$ $\tau o\grave{v}\varsigma$ $\dot{\epsilon}\varkappa$ $\tau\tilde{\eta}\varsigma$ $\mu\acute{\alpha}\chi\eta\varsigma$ $\sigma\upsilon\lambda\lambda\epsilon\gamma o\mu\acute{\epsilon}\nu o\upsilon\varsigma$ $\dot{\omega}\varsigma$ $\dot{\alpha}\gamma\chi\omega\mu\acute{\alpha}\lambda o\upsilon$ $\gamma\epsilon\gamma\epsilon\nu\eta\mu\acute{\epsilon}\nu\eta\varsigma$ $\varkappa\alpha\dot{\iota}$ $\pi o\lambda\lambda o\tilde{\iota}\varsigma$ $\varkappa\epsilon$-$\varkappa\varrho\alpha\tau\eta\varkappa\acute{o}\tau\alpha\varsigma$ $\mu\acute{\epsilon}\varrho\epsilon\sigma\iota$ $\tau\tilde{\omega}\nu$ $\pi o\lambda\epsilon\mu\acute{\iota}\omega\nu$; bei Tac. finden sich 2,44 solche Aeusserungen nicht in der Rede des Gallus, sondern es sagen hier, dem Sinne nach mit jenen Worten des Gallus ganz übereinstimmend, die Prätorianer: ne Vitellianis quidem incruentam fuisse victoriam pulso equite, rapta legionis aquila. Offenbar ist Plutarchs Darstellung nicht die sachgemässe;

denn Gallus hatte ja nicht selbst die Schlacht mitgemacht, sondern war während derselben in Bedr. gewesen. Daher konnte er nicht schon zu jener Zeit, wo eben erst die Flüchtigen nach Bedr. gelangten, Kenntnis von solchen Einzelheiten aus dem Verlaufe des Kampfes haben, wohl aber war dies bei den Prätorianern der Fall. — 93) Nur halb richtig sagt also Mommsen H. 4 S. 304: „Es werden (bei Tac. und Plut.) gleichmässig berichtet die Begnadigung des Celsus..." Auch S. 313 hebt Mommsen nur die Aehnlichkeit jener Stellen hervor, ohne ihre eigentümliche Verschiedenheit zu bemerken, gerade wie dies schon von Hirzel S. 23 geschehen war. — 94) Wenn Mommsen H. 4 S. 298 A. 3 hervorhebt, es sei die rücksichtsvolle Weise bemerkenswert, mit der Celsus und Spurinna in den Historien behandelt würden; sie sehe ganz so aus, als ob von noch Lebenden gesprochen werde (ähnlich Krauss S. 53), so haben wir nach der wirklichen Sachlage kein Recht zu der Annahme, die Darstellung des Geschichtschreibers sei bezüglich dieser Männer nicht von der Beschaffenheit der thatsächlichen Verhältnisse, sondern von derartigen persönlichen Rücksichten bestimmt worden. — 95) Von einer ähnlichen Auffassung bezüglich dieser und der nachher besprochenen Stelle geht vermutlich Herm. Haupt bei folgender Bem. in der Philol. Rundschau 1881 Nr. 30 S. 956 aus: „Dazu (zu den Stellen, durch welche die Benützung einer gemeinsamen Quelle durch Tac. und Plut. ausgeschlossen zu werden scheint) gehören namentlich die von Lange übersehenen Stellen: T. h. 2,44 plus caedis—vertuntur. Pl. O. 14 θνήσκειν—ζωγρεῖν, ferner T. h. 2,37 ego ut concesserim—expetitum. Pl. O. 9 καὶ οὐκ ἀπεικός ἐστιν—ᾤκτείροντο. — 96) In dem Satze: καὶ οὐκ ἀπεικός ἐστι... kann man, wie auch Beckurts S. 47 bemerkt, nur den eigenen Gedanken und das eigene Urteil des Plutarch erkennen (wie am Anfang von c. 9 bei αἰτίαι... λέγονται), nicht aber einen von Plutarch ganz objektiv ohne Beifügung seiner eigenen Ansicht wiedergegebenen Bericht seines Gewährsmannes. Daher sind Nissens von der letzteren Voraussetzung ausgehende Folgerungen Rh. M. 26 S. 521 unhaltbar. Auch Krauss stellt S. 4 das Verhältnis nicht vollkommen zutreffend dar: ... Plutarchum cum ea receperit, quae Tacitus ipse illi ab auctoribus suis de exercituum dubitatione propositae sententiae adiecit (καὶ οὐκ ἀπεικός ἐστιν...) haec verba non ab alio auctore sed a Tacito ipso sumsisse. Plutarch nimmt nicht einfach die Ansicht des Tacitus auf, sondern tritt ihr schon hier in dem Sinne entgegen, dass er, was dieser nur in sehr beschränktem Masse als möglich gelten lassen will (ego ut concesserim apud paucos...), in viel weiterem Umfange als glaubhafte Thatsache hinstellt (καὶ οὐκ ἀπεικός ἐστι... ἐπιπίπτειν τοιούτους διαλογισμοὺς τοῖς γνησίοις καὶ διαπόνοις καὶ σωφρονοῦσι τῶν στρατιωτῶν...). — 97) Ein ähnliches Verhältnis wie in diesen Fällen zwischen Plut. und Tac. liegt hinsichtlich eines anderen Punktes aus der Geschichte Othos zwischen Sueton und Cassius Dio vor. Während nämlich Sueton O. c. 10 ohne weitere Bemerkung berichtet, Otho habe nach einer Mitteilung seines Vaters Suetonius Laetus, auch schon ehe er Kaiser wurde, den äussersten Abscheu vor dem Blutvergiessen in Bürgerkriegen gezeigt, fügt Cassius Dio (Xiphilinus) 64, 10 bei der Wiedergabe dieser Erzählung ausdrücklich eine ablehnende Bemerkung bei: ὁ Ὄθων ἀνεχώρησεν ἐκ τῆς μάχης λέγων μὴ δύνασθαι μάχην ἀνδρῶν ὁμοφύλων ἰδεῖν, ὥσπερ ἐκ δικαίας τινὸς πράξεως αὐταρχήσας, ἀλλ' οὐ τούς τε ὑπάτους καὶ τὸν Καίσαρα τόν τε αὐτοκράτορα ἐν αὐτῇ τῇ Ῥώμῃ φονεύσας. Auch schloss man aus dieser Stelle längst, dass Cassius Dio den Sueton kannte, vgl. Roth praef. p. XVII. — 98) Als Grund für die Abwesenheit des Gallus während des Gefechtes bei Castores 2,24 wird allgemein (z. B. Heräus zu 2,24) sein Sturz mit dem Pferde angenommen, den Tac. erst 2,33 zur Erklärung seiner Abwesenheit während des Kriegsrates als paucos ante dies geschehen erwähnt. Allein wenn jener Unfall des Gallus wirklich die Ursache eines schon 2,24 vorliegenden Vorkommnisses gewesen wäre und der Schriftsteller desselben doch überhaupt gedenkt, so müsste man voraussetzen, dass er ihn bei der ersten Begebenheit anführt, die durch ihn veranlasst wird, und nicht erst bei einer späteren, welche die nämliche Ursache hat; ein anderes Verfahren könnte man sicherlich nicht mit Ruperti als ein „elegantissime variare" der Darstellung bezeichnen, sondern vielmehr als das gerade Gegenteil der elegantia. — Zur Zeit des Gefechtes bei Castores hatten die Othonianer schon zu Bedriacum eine feste Stelluug bezogen (s. auch S. 38), ferner erfolgte gerade damals das allmähliche Eintreffen der Heeresabteilungen aus Illyricum (s. S. 20 ff.); eben deshalb war auch während des Treffens bei Castores die Anwesenheit eines der leitenden Feldherrn zu Bedriacum notwendig, und dadurch erklärt sich das Fehlen des Gallus bei Castores. Ebenso erklärt man die Nichtteilnahme des Gallus an dem Entscheidungskampfe aus jenem Unfalle (z. B. Mommsen H. 4 S. 310) und stellt den Gallus als damals noch krank und kampfunfähig dar (z. B. Krauss S. 51: Gallum etiam tum invalidum). Allein wenn wir lesen, wie Gallus noch am Tage der Schlacht selbst auftrat (Tac. 2,44) und uns an dem Beispiele des Hordeonius Flaccus (Tac. h. 1,9) vergegenwärtigen, dass ein Heerführer hiezu nicht geringere Kraft nötig hatte als zur Teilnahme an einem Kampfe, so können wir nicht so nachhaltige Folgen jenes Unfalles annehmen. Da vielmehr bei dem Aufbruch des Titianus 2,39 die feste Stellung zu Bedriacum nicht aufgegeben wurde, sondern dort Truppen zurückblieben und auch aus Illyricum noch neue Heeresabteilungen erwartet wurden (s. S. 20 ff. u. 38), so war das Zurückbleiben eines der leitenden Feldherrn jedenfalls notwendig, und in diesen Verhältnissen muss es begründet sein, dass Gallus an der Entscheidungsschlacht nicht teil nimmt. — 99) Schon diese Erwägung lässt folgende Aufstellung Mommsens H. 4 S. 307 (ebenso auch Nissens Rh. M. 26 S. 503) als unbegründet erscheinen: „Was Plut. anlangt, so darf man wohl, abgesehen von dem, was er über die Schlacht von Bedriacum und das Grabmal des Otho nach Mitteilung von Augenzeugen oder eigener Anschauung erzählt (O. 14. 18), alles Uebrige als Auszug aus jener verlornen Quellenschrift ansprechen." — 100) Mommsens Erkl. H. 4 S. 308, bei ἑτέρων δ' ἦν ἀκούειν spreche Plut. von der verschiedenen Stimmung der othonianischen Truppen, nicht von abweichenden Berichten, weist Krauss S. 4 mit Recht wegen des Verhältnisses dieser Worte zu τοῦτο μὲν διηγεῖτο Σ. zurück. Aber er selbst nimmt an, Plut. habe diese Nachrichten aus einem Schriftsteller, während der Wortlaut der vorliegenden Darstellung verglichen mit anderen ähnlichen Stellen dazu nötigt, seinen Bericht auf mündliche Mitteilungen zurückzuführen. So drückt sich Plut. an zwei Stellen des Antonius, wo er nach mündlichen Quellen erzählt, in ganz analoger Weise aus, nämlich c. 28: „διηγεῖτο γοῦν ἡμῶν τῷ πάππῳ Λαμπρίᾳ Φιλώτας ὁ Ἀμφισσεὺς ἰατρὸς ... ταῦτα μὲν οὖν ἔλεγεν ὁ πάππος ἑκάστοτε διηγεῖσθαι τὸν Φιλώταν", ferner c. 68: „ὁ γοῦν πρόπαππος ἡμῶν Νίκαρχος διηγεῖτο ..." — Lange sieht S 18 in unserer Stelle eine direkte mündliche Mitteilung des Sekundus an Plut.; doch seine Ansicht, Plut. habe ἐμοί nicht zu διηγεῖτο hinzuzufügen gebraucht, um zu bezeichnen, dass Sekundus selbst ihm dies erzählte, wird durch Plutarchs eigene Darstellung c. 14 widerlegt, und auch die aus Ant. angeführten Stellen sprechen dagegen. — 101) Unmittelbar nach der Erzählung von dem Abfall des Heeres in Bedriacum fährt Plut. c. 14 fort: οὕτω μὲν οἱ πλεῖστοι τῶν παραγενομένων ἀπαγγέλλουσι γενέσθαι τὴν μάχην, οὐδ' αὐτοὶ σαφῶς ὁμολογοῦντες εἰδέναι τὰ καθ' ἕκαστα διὰ τὴν ἀταξίαν καί τὴν ἀνωμαλίαν. Hier wird jedoch wieder auf den Verlauf der Schlacht zurückgegriffen, wie τὴν μάχην und die folgende Bem. über die ungewöhnlich grosse Menge der Getöteten zeigt; zudem muss diese Stelle nicht mit Notwendigkeit ausschliesslich von schriftlichen Berichten verstanden werden. — Wie wenig Halt übrigens die bisherigen Versuche haben, die dem Plutarch eigentümlichen Nachrichten in c. 9 (mit diesen stehen die in c. 13 in einem unmittelbaren inneren Zusammenhange) auf einen bestimmten Schriftsteller zurückzuführen, mag ein Vergleich folgender Argumentationen zeigen. Mommsen schreibt H. 4 S. 321: „Die 'mündlichen Mitteilungen' des Sekretärs des Kaisers Otho Sekundus .. passen ebenfalls für Cluvius Rufus; denn jener ist wahrscheinlich der aus den Institutiones Quintilians und dem Dialog des Tacitus wohlbekannte Julius Sekundus, der als jüngerer Zeit- und Fachgenosse dem Cluvius nicht fremd gewesen sein kann" — dagegen sagt Nissen Rh. M. 26 S. 507: „Sekundus konnte an manche römische Geschichtschreiber derartige Beiträge liefern; gewiss auch an einen Autor wie C. Plinius, der ein rhetorisches Handbuch verfasst hat." Dabei steht nicht einmal fest, ob Cluvius überhaupt auch den Krieg des Otho noch dargestellt hat. Dem gegenüber lassen sich aus den S. 55—57 dargelegten Verhältnissen doch mit mehr Sicherheit weitere Schlüsse gewinnen, da wir uns hier auf ganz bestimmte Angaben des Plutarch selbst in c. 14 und auf den genauen Wortlaut seiner Darstellung in c. 9 stützen können.